Leituras Críticas Importam
Alvaro de Azevedo Gonzaga (Coord.)

JULIANA **SOUZA**

Torrente ancestral, vidas negras importam?

Inquietações racializadas de uma mente preta dissonante

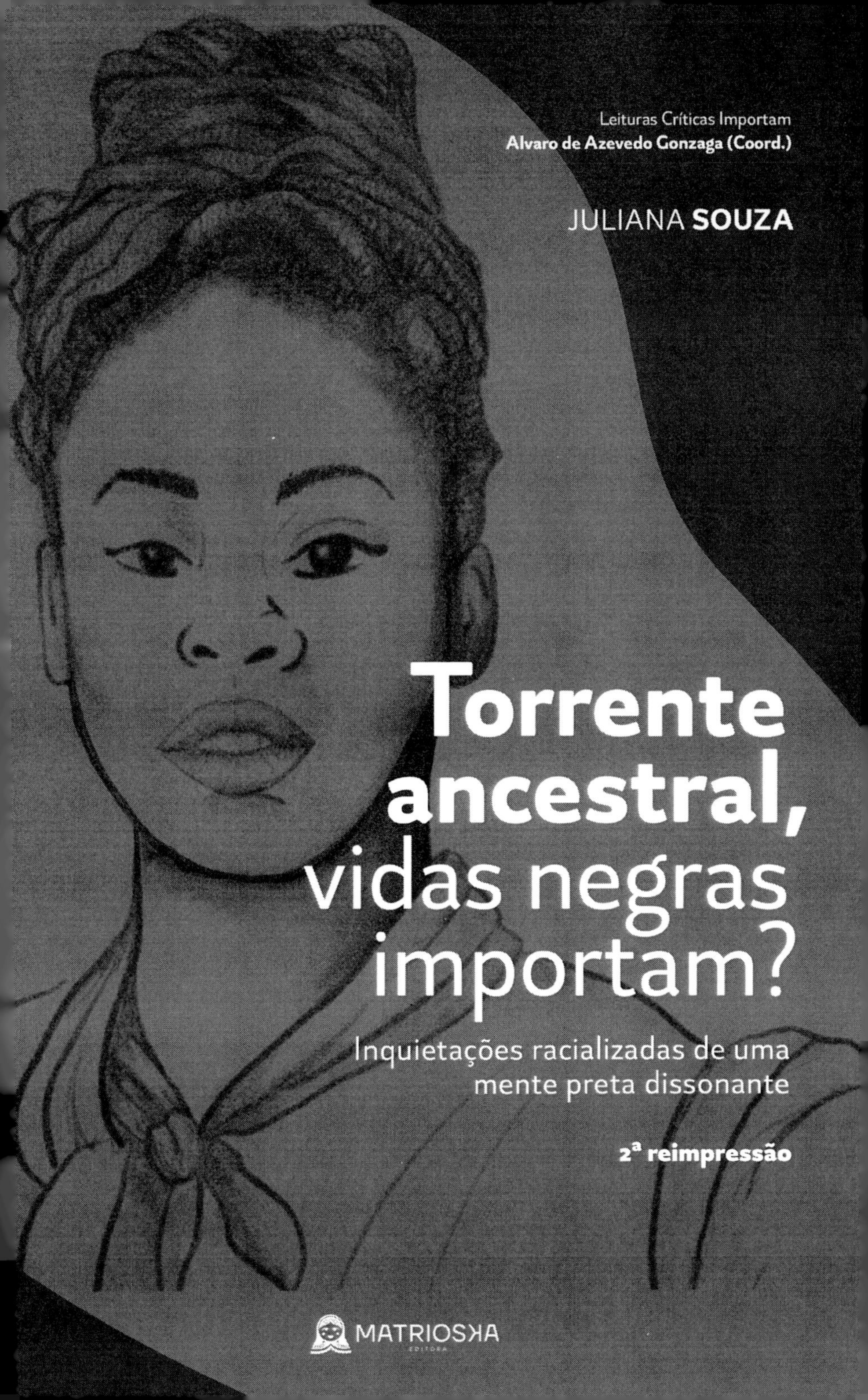

Leituras Críticas Importam
Alvaro de Azevedo Gonzaga (Coord.)

JULIANA **SOUZA**

Torrente ancestral, vidas negras importam?

Inquietações racializadas de uma mente preta dissonante

2ª reimpressão

MATRIOSKA
EDITORA

©2021, Juliana Souza

Todos os direitos reservados e protegidos pela Lei nº 9.610/1998.
Nenhuma parte deste livro, sem autorização prévia, poderá ser reproduzida ou transmitida sejam quais forem os meios empregados: eletrônicos, mecânicos, fotográficos, gravação ou quaisquer outros.

Publisher – Editorial: Luciana Félix
Publisher – Comercial: Patrícia Melo
Copidesque e preparação de texto: Pamela Andrade
Revisão: Equipe Matrioska Editora
Projeto gráfico e editoração: Marcelo Correia da Silva
Ilustrações e Capa: Rafaela Fiorini e Lídia Ganhito

Matrioska Editora
Atendimento e venda direta ao leitor:
www.matrioskaeditora.com.br
contato@matrioskaeditora.com.br
facebook.com/matrioskaeditora
instagram.com/matrioskaeditora

Dados Internacionais de Catalogação na Publicação (CIP)
(Câmara Brasileira do Livro, SP, Brasil)

Souza, Juliana
 Torrente ancestral, vidas negras importam? : inquietações racializadas de uma mente preta dissonante / Juliana Souza. -- São Paulo : Matrioska Editora, 2021. -- (Leituras críticas importam ; 1 / coordenação Alvaro de Azevedo Gonzaga)

 ISBN 978-65-86985-25-2

 1. Discriminação racial - Brasil 2. Negros - Brasil 3. Negros - Condições sociais 4. Negros - Direitos fundamentais - Brasil 5. Preconceitos - Brasil 6. Racismo - Aspectos sociais 7. Racismo - Brasil 8. Relações sociais I. Gonzaga, Alvaro de Azevedo. II. Título III. Série.

21-69243   CDD-305.8

Índices para catálogo sistemático:

1. Vidas negras : Perspectiva histórico-crítica : Sociologia 305.8

Maria Alice Ferreira - Bibliotecária - CRB-8/7964

Impresso no Brasil
2021

Dedicatória

Aos meus ancestrais, a toda a minha família, pelos passos pretos que me trouxeram até aqui.

A **Tercília Conceição Souza**, minha Mãe, primeira e eterna professora dos saberes e acúmulos que superam os vernáculos, as regras e a razão, pela entrega e doação vital, pelo amor incondicional, pelo exemplo.

Às minhas tias, **Neusa Marta**, **Maria de Lourdes** e **Joana Conceição** – em memória – pelo cuidado compartilhado da criança que fui, das mulheres que somos.

A **Jálisson Mendes**, meu amor, companheiro e entusiasta dos meus fazeres.

A **Gabriela Souza** e **Nicole Souza**, minhas filhas do coração, nossa certeza de outros tempos.

A **Martha de Souza**, minha irmã afetiva, ombridade e lealdade em pessoa.

A **Ester Rufino**, minha Amiga de tantas horas, exemplo e grande inspiração para estes escritos.

Agradecimentos

A **Francisca Souza, Danielle Godoy, Ketlein Cristini, Denise Teixeira, Renata Miranda, Cristiane Àvalos** e **Diogo José**, minha irmandade, porto e ponto de tantas partidas e chegadas afetivas.

A **Silvia Souza**, minha sócia, aliada fiel e parceira na *subversão* das estruturas racializadas.

A **Renata Assumpção**, minha amiga, e verdadeira aliada do devir que buscamos.

Às **20 mulheres** que compõem nosso **Projeto Desvelando Oris**, pelas trocas e ensinamentos.

A **Marcela Bastos**, pela confiança em meu trabalho, sensibilidade e verdadeira empatia e postura antirracista.

A **Lucia B. Lamberti**, pelo exercício da empatia e sororidade.

A **Alvaro Gonzaga**, querido amigo, pelo convite e pela confiança em meus grifos.

A **Patrícia Melo** e **Luciana Félix**, pela parceria na construção deste trabalho.

"Escrevo a miséria e a vida infausta dos favelados. Eu era revoltada, não acreditava em ninguém. Odiava os políticos e os patrões, porque o meu sonho era escrever e o pobre não pode ter ideal nobre. Eu sabia que ia angariar inimigos, porque ninguém está habituado a esse tipo de literatura. Seja o que Deus quiser. Eu escrevi a realidade."

Carolina Maria de Jesus

Apresentação da Série

Crítica Ancestral

A série *Leituras Críticas Importam* nasce ambiciosa e orgulhosa, ao mesmo tempo. A ambição perpassa a perspectiva de nossas autoras e autores, que assumiram a tarefa de contribuir no debate público brasileiro com temas de fôlego, enquanto o orgulho vem da unificação do novo com a ancestralidade que acompanha cada linha depositada nestas páginas.

As diversas obras que compõem este projeto foram pensadas para que possamos compreender como as ancestralidades construíram e fortificaram um novo pano de fundo que defendemos. O objetivo aqui, seja explícito ou não, é criar uma série em que o criticismo filosófico fosse capaz de alçar novos voos, assumir outras cores, raças, gêneros, identidades e formas que não apenas as falas tradicionais da filosofia eurocêntrica.

Leituras Críticas Importam consiste na dimensão de que a luta por questões estruturais, fundantes, elementares são necessárias e constantes. A série aponta para o direcionamento de que a ancestralidade é mais que uma definição: é um compromisso com as gerações anteriores e com uma tradição que jamais pode ser apagada. Nos textos que conformam esta obra ambiciosa, as ancestralidades não podem ser vistas apenas como uma forma de expressar e legitimar dimensões singulares e simples, mas sim, de compreendermos as questões convergentes e divergentes nessas trajetórias, tão necessárias para uma construção democrática, plural e crítica.

A convergência está no núcleo de nossos livros, que buscam reconhecer a existência de uma estrutura construída a partir de racismos contra indígenas, negros, povos e comunidades tradicionais, de discriminações contra as pessoas em situação de rua, pessoas com deficiência, pessoas LGBTQIA+, imigrantes e refugiadas. Está no reconhecimento das formas pelas quais o patriarcalismo é tensionado pelos feminismos; ou na constatação dos privilégios daqueles beneficiados por essa construção social em todas as instâncias dessa sociedade, inclusive no ambiente de trabalho. Na divergência, a necessária compreensão das multifaces que constroem uma dimensão imagética encantadora, brilhante, genial, rica e em caminhos abertos à crítica.

É na ancestralidade, não eurocêntrica, de aprendermos com aqueles que nos antecederam para decolonizarmos os corpos que foram sistematicamente excluídos, que podemos tensionar e criticar uma sociedade que se declara pró-democrática ao mesmo tempo em que, ao se omitir de maneira contumaz das "Leituras Críticas", é verdadeiramente demagógica. Uma sociedade que precisa ser antirracista, antipreconceituosa e, entre tantas coisas, comprometida com a superação de privilégios.

Cada palavra selecionada nos volumes foi escrita por mãos plurais que se desacorrentaram das dimensões individuais, sem abandonar suas individualidades e subjetividades e, com isso, a série é um convite aos leitores para que tragam suas críticas e reflexões, visando ao constante aprimoramento para um horizonte melhor no amanhã.

Alvaro de Azevedo Gonzaga
Em coconstrução com as autoras e os autores
da série *Leituras Críticas Importam*.

Joana Conceição Souza

Prefácio

O Livro de Juliana (com L maiúsculo) é um convite a uma longa reflexão, diante da secular violência racial impetrada à população negra e indígena neste país. Já nas primeiras linhas, somos impactados com sua narrativa, a morte de George Floyd e a articulação mundial de jovens negros e negras em busca de justiça, e a crítica ao processo racista que perpassa gerações.

Nos capítulos seguintes, ela nos aponta através da sua escrita carregada de indagações e indignação, as mazelas que atingem a população negra, em particular as mulheres negras.

A fala em primeira pessoa traz a sua ancestralidade, familiar, avós, destacando a sua mãe como peça principal para a construção de seu caráter e determinação.

Ao longo do livro, ela apresenta a robustez das suas convicções e a necessidade de refletirmos sobre as perversidades raciais, por meio da palavra que se revela indisciplinada e de poemas em versos negros que mostram o percurso a ser desbravado pelo leitor e pela leitora.

Há 30 anos ela veio ao mundo e mal sabia que lhe caberia denunciar os caminhos dos submundos da existência de homens e mulheres negras, inscrevendo o seu nome nas peles das páginas deste seu primeiro livro ao resgatar a sua memória do Atlântico Negro.

A jovem advogada negra escreve através do não lugar de existir e passa a falar do lugar de resistir. Nesta leitura, ela pegará você pela mão e te conduzirá a um lugar onde as palavras nascem, onde as faces serão mostradas com sua determinação e convicção, obstinada a dizer que dos corpos negros nascem atitudes e através das palavras brilham descrevendo a nossa travessia, como uma viagem no tempo. Nas páginas são trançadas como fios de cabelos as suas aspirações, a busca por uma sociedade livre do racismo, justa e igualitária.

Juliana faz um chamado para que leitores e leitoras adentrem no universo invisível promovido pela ausência de empatia pela cor da pele daqueles despossuídos do direito a serem considerados humanos.

As palavras dessa jovem advogada ativista, insubordinada ao *status quo* impetrado a negros e negras neste país, nos leva a aprofundar e tocar em feridas até então muitas vezes inimagináveis, entre elas os lamentos de mulheres, o cheiro da pólvora, os invasores da tranquilidade nos morros, vielas, favelas... nos leva a pensar sobre a privação da liberdade, nos presídios brasileiros, no sistema socioeducativo, manicômios, verdadeiros navios negreiros, superlotados, subordinados à inexistência do reconhecimento da humanidade de homens e mulheres negras, onde não se dorme, pontuando os caminhos e descaminhos que povoam o imaginário coletivo brasileiro do Mito da Democracia Racial.

Depositar os olhos nesta obra e absorver as palavras nos leva a sairmos do lugar e darmos vida a ações que realmente assegurem o direito à humanidade, ultrajada e repelida pela prática sistemática do racismo.

Juliana quebra não só o silêncio, mas também busca quebrar o elo constante das correntes que prendem homens e mulheres negras, crianças, jovens e idosos na invisibilidade, coloca o dedo nas chagas do ensurdecedor silenciamento referente às práticas de racismo e violências que nos atingem a cada dia.

A autora não se propõe a seguir rigores acadêmicos, mas traz referências importantes, estimulando a curiosidade por termos que não são comuns à **Noiz da Kebrada**, leva à conceituação da existência, denuncia as sequelas

presentes nas não presenças em lugares que envolvem o destino de jovens negros e negras.

Em todos os capítulos, desde o primeiro, nos leva a uma grande viagem onde adentramos as favelas, vielas, conjuntos habitacionais, nos leva às ruas, imundas de pessoas em situação de rua.

Em cada frase, podemos sentir o pulsar de indignação diante das perversidades seculares impostas a negros e negras, de quem ousa em não se limitar ao que se denominou chamar de *mimimi*.

Juliana, ao contrário, suas palavras trazem a voz daqueles e daquelas silenciados não só pela máscara de ferro utilizada pela Escrava Anastácia, mas traz viva a coragem de Esperança Garcia, 1ª mulher negra escrava que peticiona uma carta ao Governador do Piauí em 1770, quando pedia o fim dos castigos infringidos pelo Capataz a seus filhos e marido, na luta contra a Tortura e aos Maus-Tratos.

Traz em suas palavras a insubordinação dos feitos contra o direito à expressão livre do ser o que se é, contra o massacre constante eficaz e seguro da população LGBTQIA+.

Não se silencia diante dos descasos impetrados a mulheres negras em espaços institucionais (que promovem a Luta por Direitos), mas que no seu *staff* nunca admitiu negros. Abusadamente, através de sua sagacidade, aponta os privilégios dos espaços narcisisticamente brancos e radiantes e desvela as mazelas provocadas pelo silêncio nos espaços considerados únicos, dirigidos à população negra.

Aponta as mazelas distribuídas como política pública de inclusão social, que socialmente não atingem a população negra. Indica os monumentos dos Heróis da Pátria, desconstruindo as figuras genocidas que perpetuaram a morte de milhares de indígenas e desmontaram o patrimônio histórico milenar desses povos.

Ainda, a leitura provocará inquietações, desde o princípio do lugar da existência na política pública, passando pelos espaços de decisão de poder, até as esferas que se constituem a engrenagem da segregação racial e seus efeitos nocivos numa sociedade que se julga desenvolvida.

Suas palavram nos levam a sentir cheiros e odores, olhares, risos, deboches e indiferenças daqueles que se julgam e gritam "Não somos racistas", porém mostra os lugares e não lugares da empregada doméstica que ainda usa uniforme, tornando-se invisível perante os direitos e garantias assegurados por Lei, até porque a empregada: É de Casa.

Juliana também é contundente no que se refere às práticas da eliminação dos corpos negros da circulação entre ruas, praças, vielas e favelas, no constante genocídio lento, gradual e seguro da população negra, o direito do não existir.

A trajetória da jovem Juliana, ao tornar-se o que não se esperava a uma pessoa negra, uma advogada, jovem brilhante seguida por sua sagacidade voraz em busca de Justiça, nos é apresentada quando discorre sobre a prática do racismo através de inúmeras tentativas de silenciamento, não apenas na voz, mas também no ato de tornar-se uma advogada. Insurgentemente ela não se cala, ela não se intimida, desafia o não lugar, posiciona-se nestas páginas com uma voracidade e certeza de não apenas ser mais uma escrita, suas palavras são uma convocação a todos que debruçarem seus olhos sobre esta obra. Para além da leitura, convoca para a tomada real de posição diante do que negros e negras vivenciam no seu cotidiano, o direito a não existir.

Sua capacidade de descrever ora em forma de poesia, ora em formato de prosa o diálogo necessário e urgente, permitirá que o leitor e a leitora se emocionem, olhem-se

no espelho, avaliem suas posições, sintam-se convidados a olhar por uma outra lente o que é tão forte e latente, a invisibilidade dos corpos negros.

A leitura desta obra deixa um desejo de continuar a conversar com essa jovem advogada, que busca justiça e direito em cada linha escrita, busca mostrar e demonstrar a necessidade urgente de mudanças. Andar com ela por estas páginas convoca não somente leigos, mas acadêmicos, a se mobilizarem para além.

Juliana nos instiga a conhecer Carolina de Jesus, Grada Kilomba, Abdias do Nascimento, Kimberli e tantas outras personalidades fundamentais na nossa história no ato de ressignificar a re-existência negra nas Américas.

Ousadia, coragem, determinação, razão e sensibilidade encontram-se nesta obra, escrita por essa jovem negra, brilhante e insurgente que compartilha seus conhecimentos e experiências nos seus 30 anos de vida. O nascer nos anos 1990, a explosão do Hip Hop no Brasil, ao som de *Racionais MCs*, crescer, ousar em viver, desconfigurar o lugar destinado aos inadequados, não aceitar mais apenas um domingo no parque, e nem ver mais cenas de um genocídio ao longo da vida.

Mesmo que sob suas costas encontre-se a responsabilidade do ato de manter viva a sua ancestralidade, mantem também viva a sua família e as mulheres a qual referencia como divindades reconduzidas através de suas ações ao lugar não só de fala, mas como existência plena.

Deise Benedito
Graduada em Direito, especialista em relações étnico raciais, direitos humanos e sistema prisional. Mestre em Direito e Criminologia pela UnB. Foi Perita do Mecanismo Nacional de Prevenção e Combate à Tortura.

Sumário

Primeiras palavras — 1

CAPÍTULO 1
Onda ou movimento? Algumas notas sobre a luta antirracista — 5

CAPÍTULO 2
Lugar de preto? — 35

CAPÍTULO 3
Silêncios coniventes (convenientes)? — 61

CAPÍTULO 4
Resistência ou morte? — 79

Referências — 103

Tercília Conceição Souza.

Primeiras palavras

2020.
2 de junho.
Pandemia (e não me refiro ao coronavírus).
BLACKOUT TUESDAY.
Movimento mundial idealizado pela indústria fonográfica e por personalidades norte-americanas que tomou o mundo e as redes sociais.

A ação foi orquestrada em protesto pelas mortes de George Floyd e Breonna Taylor nos Estados Unidos.

Big Floyd, pai, noivo, atleta, amigo, trabalhador, amante do hip hop, um homem em busca do bem-viver.

Breonna, técnica médica de emergência – atuante na linha de frente contra o coronavírus, jovem, filha, companheira.

Em comum, a pele preta!

Responsáveis por um levante antirracista que reclamava a importância de suas vidas, mobilização que há muito não se via na terra de KING, DAVIS, KNOWLES-CARTER e HAMILTON.

Na mesma data no Brasil, uma das grandes cantoras POP/FUNK da atualidade, Anitta, realizou uma conversa virtual, a qual nos acostumamos a chamar *live*, com essa que vos fala e com Silvia Souza, para tratar coincidentemente da mesma temática: o genocídio da população negra.

Uma coisa é certa, naquela ocasião, lá e cá, as estruturas raciais foram mexidas, em extensão e profundidade que só conseguiremos mensurar daqui a alguns anos.

Este movimento despertou em parte considerável da população brasileira a necessidade de olhar pelo retrovisor da história e revisitar suas convicções sobre temáticas que não comportavam questionamento como a democracia racial; a meritocracia; a desigualdade social; entre tantos outros temas que saltaram do armário e se impuseram na agenda pública – agora sem a costumeira possibilidade de jogá-los para baixo dos tapetes.

É chegada a hora da sociedade brasileira se olhar no espelho.

Suscitou-se então uma demanda por maior compreensão sobre a avalanche de reivindicações, pleitos e informações que acometiam a *todEs*.

Questionou-se então se a mobilização negra – a qual muitos foram apresentados apenas em 2020 – era uma onda ou um movimento?

A fim de *escurecer* essa questão e aduzir alguns elementos que possam contribuir com um processo de expansão de consciência, em respeito ao trabalho e legado de quem veio primeiro, me socorro da História (que não terminou), de outros saberes e acúmulos.

Assim seguiremos nós, dos vernáculos ao cotidiano, transitando entre o complexo e o que é particular, não se excluindo um e outro.

Este é, antes de tudo, um convite à reflexão, que pode ensejar, talvez, novas práxis e novos fazeres.

O faço em meu nome, o faço em nome de minhas mais velhas e meus antepassados historicamente alijados da possibilidade de **escrever** e contar a história **em primeira pessoa**.

Adianto que nestes escritos não me apeguei à norma, não me apeguei à forma – não por ignorância ou desleixo –, então não saberia precisar em qual *gênero literário* hemos de nos "encaixar", mas ocupei em FALAR com verdade, me comprometi a dizer em voz alta, uma outra perspectiva da *Anastácia* da realidade. Torrente Negra Ancestral.

741. A luz negra como outra possibilidade de ler o mundo como conhecemos. A luz negra

postulada na forma generativa, um conhecimento que demanda outras ferramentas para ser apreendido. A luminosidade da luz negra revela o que está oculto, transparente em conformidade com a norma. Trazer esse pensamento nos tempos de hoje é um exercício de experimentação sobre o fazer futuro e o mundo; uma experimentação implicada nos rastros para a ancestralidade.

(...)

654. Para pensar a experiência dissidente no mundo a partir da luminosidade da luz negra é necessário medir a vida impossível numa hiper realidade complexa e, em justaposição, realizar leituras multidimensionais daquilo que é lido como o excesso. Para isso é preciso tirar a máscara da realidade cartesiana. Há nessa frase a complexidade de um fractal. (Denise Ferreira). (FERREIRA, 2019, p. 15)

CAPÍTULO 1

Onda ou movimento? Algumas notas sobre a luta antirracista

Maria de Lourdes Conceição Souza

Caminhos abertos, espero, acolha minha torrente NEGRA. Dá e não passa. Começa e não termina mais, onda e movimento infindo.

Meu leitor – sempre quis dizer isso, risos e lágrimas, quantas dessa última... – ahh, há tanto a dizer e tenho sempre dificuldade em começar. Um turbilhão de sentimentos e emoções me tomam sempre que me coloco a pensar sobre minha existência, a existência de meus pares, sobre os passos pretos que nos trouxeram até aqui.

Desde muito cedo assumi um mundo de responsabilidades não só por gosto, mas por não poder tergiversar, dada a exclusividade das oportunidades que experimentei em meu seio familiar, primeira em muitas coisas, destinada a romper e inaugurar, dissonante, como o faço agora nestas linhas. Afirmei há muito, minha mãe, sua loteria sou eu.

Minha gente de pele preta, trupe de mulheres órfãs, trabalhadoras domésticas, forjadas e vindas do nordeste baiano. Trilharam então a compulsão de pertença ao sudeste. Caminhos de tantas outras vidas negras no Brasil.

Há nestas linhas uma pressa por mudanças, sabe? Um sincero desejo de compartilhar e trocar saberes, não somente acadêmicos, mas também, principalmente talvez, aqueles que perpassam ao largo dos anais e dos noticiários, elaborações e memórias expressas aqui diretamente da periferia da existência. Anseio de desvelar ORIs para emancipações coletivas e tibungares profundos em bem viver.

Uma pressa que parece ameaça, onde o cisco de classe não deixa ver o que se passa por aqui longe das varandas badaladas e mesas fartas.

Nos últimos tempos, tenho circulado por muitos lugares, conhecido muita gente, tenho ouvido que *status*, grana e fama se conseguem com trabalho duro e esforço individual, porém venho de um lugar em que minhas mais velhas, meus antepassados, trabalharam muito, comeram muito mal, dormiram muito pouco e morreram muito cedo. Desigualdade racial, coisas de nossa herança secular.

Em setembro de 1850, promulga-se no Brasil a Lei de Terras (Lei nº 601), marco da questão fundiário-segregacionista nacional, isto é, em busca de findar o regime de Sesmarias, que consistia na autorização estatal para exploração da terra e de recursos naturais pelos donatários e seus descendentes, mediante o cumprimento de algumas obrigações administrativo-exploratório-agrárias no território, a nova lei previa que, dali em diante, somente por meio da compra é que se poderia adquirir a propriedade, regras que também se aplicavam ao Estado. Torna-se, então, a terra mercadoria, conforme nos lembra em sua obra José de Souza Martins:

> *O país inventou a fórmula simples da coerção laboral do homem livre: se a terra fosse livre, o trabalho tinha que ser escravo; se o trabalho fosse livre, a terra tinha que ser escrava. O cativeiro da terra é a matriz estrutural e histórica da sociedade que somos hoje. Ele condenou a nossa modernidade e a nossa entrada no mundo capitalista a uma modalidade de coerção do trabalho que nos assegurou um modelo de economia concentracionista. Nela se apoia a nossa lentidão histórica e a postergação da ascensão social dos condenados à servidão da espera, geratriz de uma sociedade conformista e despolitizada. Um permanente aquém em relação às imensas possibilidades que cria, tanto materiais quanto sociais e culturais.*
> *(MARTINS, 2010)*

"Curiosamente", data igualmente de 1850, da mesma semana inclusive, a Lei Eusébio de Queirós (Lei nº 581), que proibia o tráfico de pessoas escravizadas vindas de África – majoritariamente da Rota de Angola, rota que foi responsável por transpor aproximadamente 40%, dos cerca de 5 milhões de africanos escravizados que adentraram o calunga brasileiro.

Avançando algumas décadas, mais precisamente em 13 de maio de 1888, a Lei Áurea (Lei nº 3.353) dá fim, ao menos oficialmente, à escravidão no país – não esqueçamos que o Brasil exportou cerca de 46% de todas as pessoas sequestradas em África e trazidas compulsoriamente para América, como ensinam as lições do professor Luiz Felipe de Alencastro.

Um olhar ludibriado na escolástica do mito nacional de democracia racial pode fazer crer que a abolição foi dádiva da santificada Princesa Isabel, que em um súbito ímpeto de compaixão resolveu, por bem, libertar os miseráveis cativos.

Todavia, a referida tríade legislativa é muito eficaz em demover de tal ideia os desavisados, ao desvelar sua paternidade, ou seja, a manutenção de ideário expropriatório-patrimonialista. Desmistificando: referidas leis tiveram papel fundamental em substituir o "objeto" da propriedade aos senhores, antes pessoas negras e indígenas escravizadas, agora a terra.

O brado de alguns para que a "libertação" de escravizados fosse acompanhada de Reforma Agrária não prosperou, o que se justifica pela ascensão da industrialização inglesa, que buscava mercado consumidor, e pela sanha dominante em seguir explorando irrefreadamente, agora não mais o escravizado, mas o chão. O que fora escravizado era agora "livre" para trilhar seu destino, embora abandonado à própria sorte[1]. Este cenário de ineficácia na redução de desigualdades sociais e na democratização econômica, no que tange ao direito à terra e à propriedade, coopera para concentração de riquezas e garante condições de existência salutar apenas a determinados segmentos sociais, conforme destaca Sueli Carneiro, ao trabalhar raça e Direitos Humanos no Brasil, observando que "a base da contradição de população liberta, mas sem direitos" se conserva "pela prevalência da concepção de que certos humanos são mais ou menos humanos do que outros o que, consequentemente, leva a naturalização da desigualdade de direitos".

---

[1] "Para o pesquisador, esse processo de exclusão ocorreu devido a três fatores. O primeiro foi a promulgação de uma série de leis que proibia, de forma implícita ou explícita, que escravos exercessem certas profissões. Em 1886, por exemplo, uma lei municipal determinava que as profissões de cocheiros, aguadeiros [que carregavam baldes d'água], caixeiros viajantes e guarda-livros[contadores] não poderiam ser exercidas por escravos", explica.
O segundo motivo é que muitos escravos libertos, antes da abolição, se dedicavam à pecuária e à agricultura familiar de subsistência em lotes de terra pela cidade. Porém, o poder público determinou que esses lotes deveriam ser concedidos aos chamados "homens bons", ou seja: brancos, cristãos e pais de família. Os negros – todos excluídos desse critério – foram obrigados a abandonar as terras e a se mudar para outras regiões: as mais remotas da cidade.
O terceiro motivo é que uma série de leis gerais acabaram por marginalizar os negros. A Lei de Terras, de 1850, determinava que a posse da terra seria feita mediante a compra. No Império, as terras eram divididas por meio de sesmarias e muitos posseiros eram brancos pobres, índios, caboclos e negros. Com a Lei de Terras, a maioria teve dificuldade em comprar os lotes.
Segundo o pesquisador, muitos empregadores publicavam em jornais anúncios de oferta de emprego. Na maioria, explicitavam a necessidade de o candidato ser branco e imigrante (italiano, alemão) etc. "Em anúncios de grandes empresas da cidade, não encontrei um texto explícito sobre a cor do candidato. Entretanto, na composição do quadro de funcionários, a maioria era estrangeiro e havia pouquíssimos negros", comenta. Disponível em: https://www5.usp.br/23650/estudo-da-fflch--revela-que-apos-abolicao-negro-foi-excluido-do-mercado-de-trabalho/. Acesso em: 5 jun. 2021.

Antes de avançarmos nessa conversa de retomada histórica, para lançarmos luz sobre algumas questões de nossa atualidade, é importante que compreendamos do que estamos a falar quando tratamos de raça.

Essa temática é território já pavimentado por muitas e muitos pensadores negros, sobre diversas perspectivas e aportes, como Tercília Conceição Souza Pereira (minha matriarca), Lélia González, Carolina Maria de Jesus, Maria Firmina dos Reis, Dona Ivone Lara, Maria Aparecida Silva Bento, Luiza Bairros, Sueli Carneiro, Neusa Santos de Souza, Cartola, Jair Rodrigues, Milton Santos, Muniz Sodré, Clovis Moura, Abdias do Nascimento, Kabengele Munanga, Carlos Moore, Vilma Piedade, Elza Soares, Sandra de Sá, Alcione, Rute de Souza, Zezé Motta, Jair Rodrigues, Arlindo Cruz, Regina Lucia, José Adão, Milton Barbosa, Benedita da Silva, Milton Gonçalves, Conceição Evaristo, Vilma Reis, Thula Pires, Ana Luiza Pinheiro Flauzina, Débora Silva, Jurema Werneck, Deise Benedito, Sinvaldo Firmo, Eunice Prudente, Djamila Ribeiro, Allyne Andrade e Silva, Dina Alves, Silvio Almeida, Carla Akotirene, Vilma Piedade, Denise Ferreira da Silva, Tais Araújo, Ana Flávia Cavalcante, Camila Pitanga, Xica Manicongo, Linn da Quebrada, Erica Malunguinho, Maria Clara Araújo, Neon Cunha, Érika Hilton, Gilberto Gil, Rosângela Hilário, Lázaro Ramos, Milton Nascimento, Hedio Silva, Joice Berth, Ester Rufino, Mano Brown, Jálisson Mendes, Raull Santiago, Ronilso Pacheco, Emicida, Anna Lyvia Custódio, Silvia Souza, Flávia Rios, AD Júnior, Alberto Pereira Jr., Rael e Rincon Sapiência entre outros grandes nomes que constroem o legado de resistência negra – intelectual, cultural, política e simbólica.

Que os deuses, as deusas, toda crença protejam tal sagacidade e molejo ancestral!

Contudo, passamos no Brasil por um processo chamado "epistemicídio", conceito cunhado por Boaventura de Souza Santos, sobre o qual fez também valiosas contribuições Sueli Carneiro; este processo diz respeito ao sistemático apagamento dos acúmulos, fazeres, saberes e contribuições pretas na construção da sociedade brasileira. Processo que revela, portanto, uma hegemonia branca sobre a forma de pensar o mundo, logo, em nossa conformação social.

Em sua festejada obra *Racismo Estrutural*, o filósofo e jurista Silvio Almeida ensina:

> *Raça não é um termo fixo, estático. Seu sentido está inevitavelmente atrelado às circunstâncias históricas em que é utilizado. Por trás da raça sempre há contingência, conflito, poder e decisão, de tal sorte que se trata de um conceito relacional e histórico. Assim, a história da raça ou das raças é a história da constituição política e econômica das sociedades contemporâneas.*
>
> *(...)*
>
> *Desse modo, pode-se concluir que, por sua conformação histórica, a raça opera a partir de dois registros básicos que se entrecruzam e complementam: como característica biológica, em que a identidade racial será atribuída por algum traço físico, como a cor da pele, por exemplo; como característica étnico-cultural, em que a identidade será associada à origem geográfica, à religião, à língua ou outros costumes, "a uma certa forma de existir". À configuração de processos discriminatórios a partir do registro étnico-cultural Frantz Fanon denomina racismo cultural. (ALMEIDA, 2018, p. 19; 24)*

Raça é, portanto, elemento de discrímen entre populações, povos e comunidades, podendo assumir um carácter biológico ou social, a depender da carga valorativa que se pretende atribuir.

O racismo por sua vez, além ser crime previsto na Lei nº 7.716/1989 – ocasionado quando uma coletividade é alvo de preconceito ou discriminação em razão de sua raça, cor, etnia, religião ou procedência nacional –, é também elemento que tem historicamente determinado os parâmetros basilares ao exercício do poder nesta terra chamada Brasil. É, em última análise, uma tecnologia social de exclusão e sobreposição que se retroalimenta de silêncios, fazeres e omissões.

Ainda, em razão do alcance e sucesso obtido através dos escritos de Sílvio, que popularizou o termo Racismo Estrutural, ao qual a brilhante e disruptiva escritora e filósofa Djamila Ribeiro já nos alertou sobre a paralisia que tal questão pode despertar, já que pode ser considerado muito complexo atacar um "monstro" tão grande como a estrutura.

Daqui também observo que, como acontece muitas vezes em situações, casos e fatos que ganham o debate público, sem o devido aprofundamento, acabou-se por gerar também uma confusão na compreensão do conceito, como que na brincadeira do telefone sem fio em que se perde o sentido primeiro da mensagem que se buscou passar.

O racismo é a insígnia da morte que se tenta tatuar na pele preta, com tons indeléveis.

Quero então lhes dizer que a destruição dessa estrutura racista passa essencialmente por nossos fazeres cotidianos, embora não dependa exclusivamente de nossos anseios ou vontades individuais, mas da mobilização dos ativos dos quais dispomos. Falo aqui sobre lugar, posição social, status, representatividade e representação, ou seja, o compasso que dançamos na cadência do exercício do poder e do reconhecimento de humanidade e subjetividade enquanto legítimas.

Como já mencionei anteriormente, há considerável produção acerca de raça, racismo e relações raciais, porém para alguns estamos lidando com categorias inéditas. Ingredientes da receita, figuras como Lombroso e Nina Rodrigues tiveram no século XIX papel determinante na realidade e conceitos que observamos nos dias atuais. Um expressivo componente dessa lógica foi a criminalização da pobreza e da negritude por meio da pseudociência e da lei.

Não é nova a prática de se utilizar do expediente "científico" para legitimar ideias absurdas e excludentes; nesse contexto, é muito importante falar mais sobre estes personagens e sua contribuição na história de exclusão. Figura que fica restrita muitas vezes ao conhecimento de acadêmicos de Direito, Cesare Lombroso, italiano, 1835 a 1908, foi defensor do atavismo e da teoria do criminoso nato, que seria a propensão ao crime por conta de origem criminosa, delinquente e selvagem do indivíduo. Não satisfeito, com o passar do tempo, ele "sofistica" a pesquisa indicando como parâmetros o tamanho do crânio, da boca, do nariz, coisas de sua teoria, a Antropologia Criminal, propagada em diversos livros. Destaco aqui um trecho de *O Homem Delinquente*, escrito em 1876, passagem em que ele se dedica a descrever a fisionomia dos criminosos:

> *Os homicidas, os arrombadores,* **têm cabelos crespos,** *são deformados no crânio, têm possantes maxilares, zigomas enormes e frequentes tatuagens; são cobertos de cicatrizes na cabeça e no tronco.*

> *Os homicidas habituais têm o olhar vidrado, frio, imóvel, algumas vezes sanguíneo e injetado; o nariz, frequentemente aquilino ou adunco como o das aves de rapina, sempre volumosos; os maxilares são robustos; as orelhas, longas; os zigomas largos;* **os cabelos crespos são abundantes e escuros.**
>
> *(...)*
>
> *O costume, assaz frequente entre os bandidos, de usar* **tranças** *e, dentre esses, os bravos, de portar ciuffo, como insígnia de seu feroz métier, dá-se, provavelmente, em* **razão de sua esplêndida cabeleira crespa e rebelde a qualquer penteado.** *(LOMBROSO, 1876, p. 248)*

Pergunto-lhes, querides leitores, qualquer semelhança com o que vemos hoje será mera coincidência?

Já me adianto na resposta: me parece que não!

Essas passagens de Lombroso me remetem imediatamente ao caso de Bárbara Queirino, mais conhecida como Babiy, uma jovem, negra e dançarina que foi acusada de roubo, tendo como um dos elementos principais para sua condenação o fato de a vítima tê-la "reconhecido pelo cabelo". E, pasmem, Babiy foi condenada no primeiro julgamento do caso, ficando quase 2 anos presa, mesmo que desde o início trouxesse na narrativa de sua defesa e nas provas a informação de que na realidade estava em outra localidade fazendo uma apresentação artística no momento em que ocorrera o crime.

Antes de darmos outro mergulho pretérito, quero lhes contar que tive a alegria de organizar o evento ao qual intitulei Criminalização das Estéticas Negras, acontecido em 28 de outubro de 2019, o qual teve apoio de muitas entidades da sociedade civil e parlamentar e serviu de palco para discussão do erro judiciário e dos reflexos do racismo no Sistema de Justiça. Ocasião em que Babiy, que à época respondia o processo em liberdade, emocionou a todas as pessoas presentes com seu relato sobre a injustiça que a estava vitimando. Detalhe, o evento ocorreu às vésperas de nova análise do caso da dançarina, julgada desta vez pelo Tribunal de Justiça do Estado de São Paulo.

No dia seguinte, acompanhei emocionada a brilhante sustentação oral de Roberto Tardelli, experiente advogado criminalista paulista, ladeado do patrono da causa, o advogado Flávio Campos, em que defenderam bravamente a inocência de Babiy – que aguardava o julgamento do lado de fora da corte. O resultado veio, ironicamente, apenas alguns meses depois, mais precisamente em 13 de maio de 2020, Dia da abolição **inconclusa** da escravidão no Brasil, com o reconhecimento da inocência da Bárbara.

De volta ao século XIX, vale ainda ressaltar que a Antropologia Criminal pretendia aprisionar o suposto criminoso antes mesmo do cometimento do crime. Essa pseudociência cria a eugenia, etimologicamente raça boa, teoria que impedia o casamento de pessoas negras e brancas, por exemplo, sendo a mesma ideia responsável pela teoria do embranquecimento.

Lembremos que, em 1911, outro adepto dessas ideias que causam escárnio, João Baptista de Lacerda, médico brasileiro que viveu entre 1845 e 1915, ocupou o posto de diretor do Museu Nacional, foi convidado para o Congresso Universal das Raças em Londres, ocasião em que ele escreveu a tese "Sobre os mestiços no Brasil", datada do mesmo ano, em que a hipótese era a de que em um século no Brasil haveria uma supremacia branca, sendo pelos cálculos:

"80.100 brancos; mestiços negróides 3.100; indígenas 17.100; e negros 0".

Os cálculos de Lacerda estavam equivocados, afinal de contas somos hoje, pretos e pardos, mais de 54% da população brasileira de acordo com o Instituto Brasileiro de Geografia e Estatística – IBGE.

O reconhecimento de nossa memória ancestral e dos dados históricos nos revela que somos frutos de processos organizados e individuais, objetivos e simbólicos de resistência.

Coisas de nossa herança ancestral:

- Revolta do Cosme (1838-1840);
- Balaiada (1838-1840);
- Revolta dos Malês (1835);
- Quilombo Ngola Djanga (1597 – 1694);
- Quilombo do Catucá (1817 – 1835);
- Quilombo do Buraco do Tatu (1744-1763);
- Levante em Ilhéus (1789 e 1824);
- Levante de Itapoan (1814);
- Revolta das Carrancas (1833); e,
- Guerra do Paraguai (1864-1870).

Sim, estas entre tantas outras formas de resistência, pedras fundantes do nosso processo de emancipação negra.

De volta à pergunta que orienta nosso capítulo, a luta antirracista não começa em 2020 e não se encerra nestes escritos.

Meus caros, foram passos pretos que nos trouxeram até aqui, à custa de muito sangue e suor, foi-se muita vida para que eu esteja hoje trocando com vocês, muita luta e resistência, para que eu esteja aqui enunciando meus olhares, em primeira pessoa, não percamos isso de vista.

No Brasil, o direito à memória para pessoas negras e indígenas está no campo da periferia constitucional, conceito de Fabio Feliciano Barbosa, para retratar as desigualdades de tratamento dadas a população negra – sabemos que isto é fruto do epistemicídio sobre o qual já falamos mais cedo – é efervescente nas últimas décadas a busca pela identidade afro-indígena.

Não por acaso, são crescentes as ofertas de laboratórios para realização de mapeamento genético que permita a nós pretes um religar com nossos antepassados, já que parte considerável de nós pouco sabe sobre a segunda ou terceira geração de seus antecessores – jangada de apagamento na qual infelizmente me incluo, sou filha da mãe que ficou órfã de mãe aos 8, de pai aos 13, que não possui nenhum registro dos mesmos que não o cabo de um velho barbeador de aço inox de vovô Timóteo.

E por falar em memória, vamos fazer um exercício. O que te vem à mente quando ouve a palavra NEGRO?

Sejamos sinceros, só estamos nós dois aqui.

Pensou? Já suspeito qual seja a resposta.

Isso me leva a outra conversa importante que eu gostaria de ter com você: a construção do imaginário social. Outro tema que ganhou a cena pública nos últimos tempos – quero crer que são indícios de que estamos encarando a realidade com maior criticidade.

Mas afinal de contas o que é esse tal imaginário social e em que se relaciona com o que discorremos até aqui?

Veja, a interpretação que buscaremos discutir encontra ressonância nas considerações de Bronislaw Baczko, filósofo polonês, sobre o conceito:

Trata-se, sim, de um aspecto da vida social, da actividade global dos agentes sociais, cujas particularidades se manifestam na diversidade dos seus produtos. **Os imaginários sociais constituem outros tantos pontos de referencia no vasto sistema simbólico que qualquer colectividade produz e (...) se percepciona, divide e elabora os seus próprios objectivos. É assim que, através dos seus imaginários sociais, uma colectividade designa a sua identidade; elabora uma certa representação de si; estabelece a distribuição dos papéis e das posições sociais; exprime e impõe crenças comuns; constrói uma espécie de código de "bom comportamento", designadamente através da instalação de modelos formadores tais como o do "chefe", o "bom súbdito", o "guerreiro corajoso", etc.** *Assim é produzida, em especial, uma representação global e totalizante da sociedade como <u>uma "ordem" em que cada elemento encontra o seu "lugar"</u>, a sua identidade e a sua razão de ser [cf. Ansart 1974, p. 14]. Porém, designar a identidade colectiva corresponde, do mesmo passo, a delimitar o seu "território" e as suas relações com o meio ambiente e, designadamente, com os "outros"; e corresponde ainda a formar as imagens dos inimigos e dos amigos, rivais e aliados, etc.* **O imaginário social elaborado e consolidado por uma colectividade é uma das respostas que esta dá aos seus conflitos, divisões e violências reais ou potenciais. Todas as colectividades tem os seus modos de funcionamento específicos a este tipo de representações.** *Nomeadamente, elaboram os meios da sua difusão e formam os seus*

> *guardiões e gestores, em suma, o seu "pessoal".* O imaginário social é, deste modo, uma das forças reguladoras da vida colectiva. As referencias simbólicas não se limitam a indicar os indivíduos que pertencem a mesma sociedade, mas definem também de forma mais ou menos precisa os meios inteligíveis das suas relações com ela, com as divisoes internas e as instituições sociais, etc. *[cf. Gauchet 1977].* O imaginário social é, pois, uma peça efetiva e eficaz do dispositivo de controlo da vida colectiva e, em especial, do exercício da autoridade e do poder. Ao mesmo tempo, ele torna-se o lugar e o objecto dos conflitos sociais. (BACZKO, 1985, p. 309)

Tendo em conta as contribuições coloniais escravistas, as teorias da Antropologia criminal e as ideias eugenistas de João Batista de Lacerda, o processo de epistemicídio ao qual fomos – e ainda estamos – acometidos enquanto nação, a ausência de políticas de inclusão de pessoas negras na sociedade brasileira e as precisas definições de Baczko sobre o imaginário social, é irrefreável chegar a conclusão de que o imaginário social brasileiro foi instituído em bases racistas e segue se alimentando ainda hoje por estes padrões.

A este respeito, Carneiro observa, ainda, que "se alguns estão consolidados no imaginário social como portadores de humanidade incompleta, torna-se natural que não participem igualmente do gozo pleno de Direitos Humanos".

Nesta toada, Leonardo Ortegal afirma que a ideia de menos humano é elemento importante para compreender as relações sociais no Brasil, "pois, em um mundo marcadamente antropocêntrico, caracterizar determinado grupo como não humano ou sub-humano resultava em total isenção moral para a exploração, escravização e extermínio desse grupo assim classificado".

Sueli e Leonardo apontam para violações físicas e simbólicas baseadas na ideia de racialização da humanidade que recai sobre corpos pretos no Brasil e em demais territórios frutos da diáspora, visto que pessoas não negras não precisam se adjetivar para existir, isto é, estão em um lugar social construído e associado, como vimos acima, ao sucesso, à beleza, à normalidade. Ser branco é a norma. Não precisam, portanto, problematizar sua existência no mundo, já que os processos foram construídos para que este fato nunca fosse uma questão complexa a ser considerada. Tanto é que alguns questionam a necessidade da existência de dias de celebração e valorização da cultura e legados negros ou ainda a importância de ações afirmativas já que somos todos "iguais" e humanos.

Assim sendo, a partir da construção de imaginários sociais e os papéis que eles desempenham, compreenderemos que estamos a falar, em última análise, do exercício do poder, que se estabelece atrás da narrativa dominante. Assim, considerando nosso histórico, modernidade e contemporaneidade, o desvelar é de que negros e não negros no Brasil foram tratados e retratados – e o são até os dias atuais – de maneira distinta e não falamos sobre diversidade, mas do exercício de poder por meio dos lugares, formas, tamanhos, cores, volumes e entre outras alegorias consideradas padrões de normalidade.

Um exemplo que acredito bastante didático é observar a ausência de mulheres pretas ou indígenas na grande mídia como apresentadoras de TV em programas de entretenimento. Do alto de meus 30 anos de idade, a única lembrança que me vem à cabeça é da atriz Taís Araújo no comando de Programa POPSTAR em 2018, atriz que também foi a primeira protagonista de uma telenovela brasileira 20 anos antes, em 1997.

Ainda pensando no audiovisual e no papel da narrativa ficcional na construção da realidade, elementos muito fortes e eficientes na ideação dos imaginários brasileiros, podemos nos voltar à figura da *mammy*, personagem carregado de estereótipos reservado exclusivamente para mulheres negras na televisão brasileira. Figura diretamente ligada à tentativa de legitimação do sul escravista nos Estados Unidos, leal, amável, maternal, não ameaçadora, dócil e submissa aos seus empregadores/senhores. Lá e cá demonstra considerável distinção à autoridade branca. Sem família, sem vínculos, sem ambições próprias ou pretensões particulares que não fosse tornar a vida de seus empregadores melhor, suportá-los a todo custo, inclusive o da própria existência. Vilma Reis, intelectual negra, baiana, corrobora em sua dissertação de mestrado:

> *Nas narrativas da casa grande, as mulheres negras são originárias de famílias desorganizadas, anômicas, separadas entre integradas e desintegradas, estando todas essas definições numa referência das famílias brancas e, por consequência, as famílias negras são discursivamente apresentadas como produtoras de futuras gerações de delinquentes (...).* (REIS, 2005, p. 54)

E ironicamente como a arte imita a vida, não por acaso, apenas em 2015, por meio da Lei Complementar 150/2015 é que aquelas profissionais que são "quase da família" – imaginem se não fossem – passam a ter direitos trabalhistas. Trabalhadoras domésticas, que pela subsistência, deixam seus filhos aos cuidados de outras pessoas e vão cuidar da cria de outres – experiência que atravessa a vida dessa que vos fala. Majoritariamente negras, mães solo.

Quem há de cuidar de quem cuida? Questiona a atriz e diretora Ana Flávia Cavalcante na performance "A Babá quer Passear" – aproveito então o ensejo para fazer tal questionamento aqui.

Mais um mergulho em nossa história, olhando para a cena musical temos a composição "Brasil Mulato" de autoria de Martinho da Vila, datada do ano de 1969, reiterando o processo de embranquecimento nacional:

> Pretinha, procure um branco
> Porque é hora de completa integração
> Branquinha, namore um preto
> Faça com ele a sua miscigenação
> Neguinho, vá pra escola
> Ame esta terra
> Esqueça a guerra
> E abrace o samba
> Que será lindo o meu Brasil de amanhã
> Mulato forte, pulso firme e mente sã
> Quero ver madame na escola de samba sambando
> Quero ver fraternidade
> Todo mundo se ajudando
> Não quero ninguém parado
> Todo mundo trabalhando
> Que ninguém vá a macumba fazer feitiçaria
> Vá rezando minha gente a oração de todo dia
> Mentalidade vai mudar de fato
> O meu Brasil então será mulato.

Toda essa construção de portadores de humanidade incompleta, herdeiros de subcidadania, é o que tenta sufocar os questionamentos e mantém o estado de exceção em determinados espaços, onde a morte, o desaparecimento, o "não lugar" são constantes.

Não faltam tristes exemplos: lembremos das três crianças negras desaparecidas em Belford Roxo, Rio de Janeiro: Fernando Henrique, de 11 anos, Alexandre, de 10 anos, e Lucas Matheus, de 8 anos de idade, que sumiram desde 27 de dezembro do ano 2020, dos quais a ausência não gerou comoção nacional.

Ou lembremos ainda do menino Miguel, criança negra, de 5 anos, filho de Mirtes, ex trabalhadora doméstica, agora estudante de Direito, que após passadiço canino com animal da empregadora, a quem deixou a cria aos cuidados – se depara com o filho deitado em "solo esplêndido" no edifício Pier Maurício de Nassau, após uma queda do 9º andar, em seus últimos instantes de vida – quanta dor!

Por estas bandas poderíamos falar também dos mais de 1.100 dias sem respostas concretas sobre o assassinato brutal de Marielle Franco, parlamentar negra, e Anderson Gomes, ou ainda da ronceiriça marcha judicial no andamento do caso Chissomo Ewbank Gagliasso, criança negra, vítima de racismo em novembro de 2017 nas redes sociais.

Somos, como ensina a brilhante intelectual negra Lélia Gonzalez, "Amefricanos[2]"; com licença poético-dramática, digo eu: somos americanos de inepto arbítrio: mártires – a

---

[2] "As implicações políticas e culturais da categoria de Amefricanidade ('Amefricanity') são, de fato, democráticas; exatamente porque o próprio termo nos permite ultrapassar as limitações de caráter territorial, linguístico e ideológico, abrindo novas perspectivas para um entendimento mais profundo dessa parte do mundo onde ela se manifesta: A AMÉRICA [...]. Para além do seu caráter puramente geográfico, a categoria de Amefricanidade incorpora todo um processo histórico de intensa dinâmica cultural (adaptação, resistência, reinterpretação e criação de novas formas) que é afrocentrada [...]. Seu valor metodológico, a meu ver, está no fato de permitir a possibilidade de resgatar uma unidade específica, historicamente forjada no interior de diferentes sociedades que se formaram numa determinada parte do mundo".

pulso, contra dorso e cervical – e heróis – da meritocracia ilusória, servente à manutenção do status quo antes e depois.

Somos herdeiros da "Tradição dos Mártires da Compulsoriedade Letal".

Dita meia verdade. Houve Malês, há Rolezinho, há Marcha das Mulheres Negras!

Seguimos resistindo, até que não seja mais preciso resistir e possamos nos entregar ao viver.

Revolta da Chibata, um exemplo de irresignação. Havida em novembro de 1910, na Baía de Guanabara, Rio de Janeiro, em que mais de 2 mil marujos, liderados por João Cândido, conhecido também como o grande Almirante Negro, rebelaram-se contra as torturas corporais na marinha de guerra do Brasil. Vitoriosos que foram, derrubaram a autorização das chibatadas, já que marechal Hermes e os parlamentares da época não podiam vencer seu poderio.

A imprensa da época, por sua vez, não ficou satisfeita com o resultado; em coro, faziam matérias dizendo que a vitória dos revoltosos representava uma vergonha ao país.

Na tentativa de contragolpe, João Cândido e alguns outros revoltosos foram perseguidos, alguns destes mortos na noite de Natal do mesmo ano a caminho de Santo Antônio do Madeira. Já João Cândido, após frustradas tentativas de encerrar sua vida, conseguiu, em julgamento, que aconteceu em novembro de 1912, ser absolvido, sentença aplicada também a todos os revoltosos, ainda que muitos deles tivessem já morrido no levante ou nas tentativas subsequentes de subordinação e silenciamento. A revolta, porém, nunca foi esquecida.

Notáveis nomes da nossa música, João Bosco e Aldir Blanc, compuseram a música *O mestre-sala dos Mares* que rememora o Almirante Negro:

Há muito tempo,
Nas águas da Guanabara,
O Dragão do Mar reapareceu,
Na figura de um bravo marinheiro
A quem a história não esqueceu.
Conhecido como Almirante Negro,
Tinha a dignidade de um mestre-sala,
E ao acenar pelo mar
Na alegria das regatas

Foi saudado no porto
Pelas mocinhas francesas,
Jovens polacas e por batalhões de mulatas!
Rubras cascatas
Jorravam das costas dos negros
Entre cantos e chibatas,
Inundando coração
Do porão
Que a exemplo do marinheiro gritava: Não!
(...)
Glória a todas as lutas inglórias
Que através da nossa história
Não esqueceremos jamais!
Salve o navegante negro
Que tem por monumento
As pedras pisadas do Cais...

 Pesquisadoras e pesquisadores de nossa História chamam atenção para o inescrupulo contra João Cândido, já que o que ele os revoltosos buscavam era ver a garantia de sua humanidade, livre dos castigos físicos como penas para faltas disciplinares. Atentemos para o fato de que à época desta revolta a abolição da escravidão já era vigente, perfeito retrato de seu caráter inconcluso.

João Cândido faleceu em 6 de dezembro de 1969, aos 89 anos de idade. Segundo registros, trabalhou até pouco antes de sua morte realizando a descarga de peixeiros. Sem recursos e doente. Mesma lógica empregada até os dias atuais, tentativas de silenciamento e isolamento contra quem ousa erguer a voz contra injustiças. Seu legado é indiscutível e grandioso, se torna ainda mais admirável dado o contexto social e político em que se deu a revolta.

Muitas vidas e mentes negras se contrapuseram ao longo da história a esse processo de subalternização. Lélia Gonzalez, Regina Lucia, José Adão, Milton Barbosa, entre outros nomes, são as lideranças que fundaram, em 7 de julho de 1978, o Movimento Negro Unificado Contra Discriminação Racial – MNUCDR, que depois passa a se chamar Movimento Negro Unificado – MNU – na década de 70, que contou em seu ato de fundação com mais de 2 mil pessoas que se reuniram para lutar contra a discriminação racial.

Tal qual George Floyd, em 28 de abril, poucos meses antes da convocação do ato que culmina na criação do movimento, Robson Silveira da Luz, segundo registros de Lélia, trabalhador, casado e pai, fora torturado até a morte em uma delegacia no bairro de Guaianazes, em São Paulo. Consta do mesmo relato que no Clube Tietê quatro meninos foram impedidos de participar do time infantil de voleibol por serem negros.

Destaco dois documentos produzidos pelos MNU que dão o tom do patrimônio intelectual, sócio-político e histórico-cultural do movimento, a Carta Aberta à População e Manifesto Nacional, este último de 4 de novembro de 1978, ambos registros de Lélia Gonzalez:

Contra o Racismo

Hoje estamos na rua numa campanha de denúncia!

Campanha contra a discriminação racial, contra a opressão policial, contra o desemprego, o subemprego e a marginalização. Estamos nas ruas para denunciar as péssimas condições de vida da Comunidade Negra.

Hoje é um dia histórico. Um novo dia começa a surgir para o negro!

Estamos saindo das salas de reuniões, das salas de conferências e estamos indo para as ruas. Um novo passo foi dado na luta contra o racismo.

Os racistas do Clube de Regatas Tietê que se cubram, pois exigiremos justiça. Os assassinos de negros que se cuidem, pois a eles também exigiremos Justiça!

O MOVIMENTO UNIFICADO CONTRA A DISCRIMINAÇÃO RACIAL foi criado para ser um instrumento de luta da Comunidade Negra. Este movimento deve ter como princípio básico o trabalho de denúncia permanente de todo ato de discriminação racial, a constante organização da Comunidade para enfrentarmos todo e qualquer tipo de racismo.

Todos nós sabemos o prejuízo social que causa o racismo. Quando uma pessoa não gosta de um negro é lamentável, mas quando toda uma sociedade assume atitudes racistas frente a um povo inteiro, ou se nega a enfrentar, aí então o resultado é trágico para nós negros:

Pais de família desempregados, filhos desamparados, sem assistência médica, sem condições de proteção familiar, sem escolas e sem futuro. E é este racismo coletivo, este racismo institucionalizado que dá segurança para a prática de atos racistas como os que ocorreram no Clube Tietê, como o ato de violência policial que se abateu sobre Robson Silveira da Luz, no 44º Distrito Policial de Guaianazes, onde este negro, trabalhador, pai de família, foi torturado à morte. No dia 1º de Julho, Nilton Lourenço, mais um negro operário, foi assassinado por um policial no bairro da Lapa, revoltando toda a comunidade e o povo em geral.

Casos como estes são rotina em nosso país que se diz democrático. E tais acontecimentos deixam mais evidente e reforçam a justiça de nossa luta, nossa necessidade de mobilização.

É necessário buscar formas de organização. É preciso garantir que este movimento seja um forte instrumento de luta permanente da comunidade, onde todos participem de verdade, definindo os caminhos do movimento. Por isso chamamos todos a engrossarem o MOVIMENTO UNIFICADO CONTRA A DISCRIMINAÇÃO RACIAL.

Portanto, propomos a criação de CENTROS DE LUTA DO MOVIMENTO UNIFICADO CONTRA A DISCRIMINAÇÃO RACIAL, nos bairros, na vilas, nas prisões, nos terreiros de candomblé, nos terreiros de umbanda, nos locais de trabalho, nas escolas de samba, nas igrejas, em todo o lugar onde o negro vive; CENTROS DE LUTA que promovem o debate, a informação, a conscientização e organização da comunidade negra, tornando-nos um movimento forte, ativo e combatente, levando o negro a participar em todos os setores da sociedade brasileira.

Convidamos os setores democráticos da sociedade (para) que nos apoiem, criando condições necessárias para criar uma verdadeira democracia racial.

CONTRA A DISCRIMINAÇÃO RACIAL
CONTRA A OPRESSÃO POLICIAL
PELA AMPLIAÇÃO DO MOVIMENTO
POR UMA AUTÊNTICA DEMOCRACIA RACIAL

Somos Marielles, somos Malês.

AO POVO BRASILEIRO
MANIFESTO NACIONAL DO
MOVIMENTO NEGRO UNIFICADO
CONTRA A DISCRIMINAÇÃO RACIAL
A ZUMBI
20 DE NOVEMBRO DE: DIA NACIONAL DA
CONSCIÊNCIA NEGRA

Nós, negros brasileiros, orgulhosos por descendermos de ZUMBI, líder da República Negra de Palmares, que existiu no Estado do Alagoas, de 1595 a 1695, desafiando o domínio português e até holandês, nos reunimos hoje após 283 anos, para declarar a todo povo brasileiro nossa verdadeira e efetiva data: 20 de novembro, DIA NACIONAL DA CONSCIÊNCIA NEGRA!

Dia da morte do grande líder negro nacional, ZUMBI, responsável pela PRIMEIRA E ÚNICA tentativa brasileira de estabelecer uma sociedade democrática, ou seja, livre, e em que todos – negros, índios, brancos – realizaram um grande avanço político e social. Tentativa esta que sempre esteve presente em todos os quilombos.

Hoje estamos unidos numa luta de reconstrução da sociedade brasileira, apontando para uma nova ordem, onde haja a participação real e justa do negro, uma vez que somos os mais oprimidos dos oprimidos; não só aqui, mas em todos os lugares onde vivemos. Por isto, negamos o treze de maio de 1888, dia da abolição da escravatura, como um dia de libertação. Por quê? Porque nesse dia foi assinada uma lei que apenas ficou no papel, encobrindo uma situação de dominação sob a qual até hoje o negro se encontra: JOGADO NAS FAVELAS, CORTIÇOS, ALAGADOS E INVASÕES, EMPURRADA PARA A MARGINALIDADE, A PROSTITUIÇÃO, A MENDICÂNCIA, OS PRESÍDIOS, O DESEMPREGO E O SUBEMPREGO, tendo sobre si, ainda, o peso desumano da VIOLÊNCIA E REPRESSÃO POLICIAL.

Por isto, mantendo o espírito de luta dos quilombos, GRITAMOS contra a situação de exploração a que estamos submetidos, lutando contra o RACISMO e toda e qualquer forma de OPRESSÃO existente na sociedade brasileira, e pela MOBILIZAÇÃO E ORGANIZAÇÃO da Comunidade, visando uma REAL emancipação política, econômica, social e cultural.

Desde o dia 18 de junhos somos o MOVIMENTO NEGRO UNIFICADO CONTRA A DISCRIMINAÇÃO RACIAL, movimento que se propõe a ser um canal de reinvindicações do negro brasileiro e que tem suas bases nos CENTROS DE LUTA, formados onde quer que o negro se faça presente.

É preciso que o MOVIMENTO NEGRO UNIFICADO CONTRA A DISCRIMINAÇÃO RACIAL se torne forte, ativo e combatente; mas, para isso é necessária a participação de todos, afirmando o 20 de novembro como o DIA NACIONAL DA CONSCIÊNCIA NEGRA.

PELO DIA NACIONAL DA CONSCIÊNCIA NEGRA
PELA AMPLIAÇÃO DO MNUCDR
POR UMA VERDADEIRA DEMOCRACIA RACIAL
PELA LIBERTAÇÃO DO POVO NEGRO

Antes a Imprensa Negra paulista (1915 – 1937)[3], a Frente Negra Brasileira (1931), a União dos Homens de Cor (1943) e o Teatro Experimental do Negro (1944-1961); e, depois, a Marcha a Zumbi (1995), a destacada participação negra na Conferência de Durban (2001) e a Secretaria de Políticas de Promoção da Igualdade Racial – SEPPIR (2003-2008), são exemplos do constante movimento negro irresignado.

Já tinha ouvido falar sobre estes temas? E sobre as Lei nº 10.639/2003 e Lei nº 11.465/2008?

À primeira vista, estes marcos legais te dizem alguma coisa?

Se sua resposta foi não, temos apenas uma triste constatação de que embora tenhamos conquistas importantes na seara jurídica, ainda não conseguimos transpor essas conquistas para o campo do concreto onde acontece a vida.

Estou dizendo isso, pois ambas as leis, embora recentes – o que releva algumas coisitas –, tornam obrigatórios os ensinos das temáticas "História e Cultura Afro-Brasileira" e "História e Cultura Afro-Brasileira e Indígena", respectivamente. Logo, a ignorância sobre a existência de tal norma pela população aponta para a não implementação

---

[3] De acordo com Marinalva Garcia, a Imprensa Negra paulistana fora a continuidade de escritos e publicações de entidades que funcionaram no período do processo abolicionista.

de uma política pública educacional afirmativa, que, se realmente encampada, poderia contribuir com o fim do ciclo de epistemicídio de que falamos mais cedo.

Exemplos de organização negra em defesa da vida não faltam, lembremos de maio de 2006, em que o Estado de São Paulo foi palco da maior chacina do século XXI no país, episódio que ficou conhecido como Crimes de Maio, ocorrido na véspera da comemoração do Dia das Mães no ano de 2006, em que 505 civis e 59 agentes de segurança pública foram mortos por armas de fogo, totalizando 564 mortes. As mães das vítimas se organizaram originando o Movimento Mães de Maio, na busca por justiça estatal.

Rememorando o caso, apontam pesquisas que a grande maioria das mortes teve como origem o revide dos agentes de segurança do Estado de São Paulo contra os supostos ataques do grupo Primeiro Comando da Capital (PCC). Conforme noticiado largamente pelos meios de comunicação à época, toda a situação que desencadeou esta série letal se iniciou no dia 11 de maio, ocasião em que a Secretaria da Administração Penitenciária de São Paulo (SAP) informou que faria a transferência de 765 pessoas em situação de cárcere para a Penitenciária II de Presidente Venceslau, penitenciária de segurança máxima.

De acordo com a SAP, essa medida de transferência objetivava coibir o plano de rebeliões que vinha sendo arquitetado nas masmorras paulistas para o Dia das Mães daquele ano.

Assim, no dia 12 de maio, a pessoa considerada líder do grupo PCC, Marcos Willians Herba Camacho, também conhecido como Marcola, foi transferido para Presidente Venceslau. Nesta mesma noite, iniciou-se a onda de assassinatos, em que suspeitos de integrar o PCC teriam atacado diversos membros das forças de segurança pública paulista. Nos dias que se seguiram, civis (pessoas comuns não ligadas às forças de segurança), com ou sem vinculação anterior à criminalidade, foram assassinadas. Neste mesmo período, 90 veículos foram incendiados e houve ameaça de ataque com bombas no Aeroporto Internacional de São Paulo-Guarulhos.

Constatadas falhas e fissuras na garantia de direito à vida a partir de pressupostos de igualdade no que diz respeito à raça, se faz emergente a necessidade de pensar em igualdade a partir do contexto de raça para encontrar caminhos de reais garantias do direito à não discriminação, soluções e medidas que envolvam toda a sociedade brasileira, pois fato complexo exige solução interdisciplinar, a ser elaborada e implementada por negros e não negros.

A realidade é que todo esse histórico negro de enfrentamento às desigualdades resultantes do racismo estrutural *escurece* um fato: a luta antirracista se faz há muito, por muitas mãos pretas, e também aliadas. Inclusive se apresentando, diversas vezes, como única opção à subjugação e à barbárie.

É, portanto, um movimento constante e contundente.

Movimento que informa a moldura social, política, cultural, intelectual e econômica do que hoje chamamos Brasil.

A luta antirracista é um tsunami que vazou a maré epistemicida pátria e internacional.

Movimento que não tem volta! *"Noiz vamô invadir sua praia"*.

Ambição de potência. Transmissão de legado. Sede de bem-viver no tempo presente!

Onesia Marta de Souza

CAPÍTULO 2

Lugar de preto?

Muitas travessias. Poucas pontes.

Coisas de nossa trajetória.

O trânsito constante entre as ditas centralidades e as franjas das cidades. Realidades de muitas de nós, pretas, pretes e pretos brasileiros, residentes e resistentes das periferias. Os espaços, o campo e, especialmente, a cidade está conformada de modo que não nos encontremos – negros e não negros – em locais de sociabilidade, mas, tão somente, em lugares de servidão.

Nada despropositado já que há muito se sabe da potência do encontro com a *Outridade* das diversidades.

Chimamanda Ngozi Adichie, escritora nigeriana internacionalmente premiada, nos alerta sobre as implicações de um só discurso:

> *É assim que se cria uma história única: mostre um povo como uma coisa, uma coisa só, sem parar, e é isso que esse povo se torna.*
>
> *É impossível falar sobre a história única sem falar sobre poder. Existe uma palavra em igno na qual sempre penso quando considero as estruturas de poder no mundo: nkali. É um substantivo que, em tradução livre, quer dizer "ser maior do que outro". Assim como o mundo econômico e político, as histórias também são definidas pelo princípio nkali: como ela são contadas, quem as conta, quando são contadas e quantas são contadas depende muito de poder.*
>
> *O poder é a habilidade não apenas de contar a história de outra pessoa, mas de fazer que ela seja sua história definitiva. O poeta Mourid Barghouti escreveu que, se você quiser espoliar um povo, a maneira mais simples é contar a história dele e*

> *começar com "em segundo lugar". Comece a história com as flechas dos indígenas americanos, e não com a chegada dos britânicos, e a história será completamente diferente. Comece a história com o fracasso do Estado africano, e não com a criação colonial do Estado africano, e a história será completamente diferente. (ADICHIE, 2019, p. 22-23)*

Quando restringimos a outrem, reflexivo que é, tal ato impõe sobre nós o mesmo efeito.

Podemos ser um infinito de possibilidades, o acesso à Educação nos leva a lugares de enunciação, portanto, de exercício do poder e rompimento do silenciamento histórico; falar, finalmente, em primeira pessoa.

Lugar de negro.

Leitor, durante a pesquisa bibliográfica para escrita destas linhas topei novamente, depois de muito anos, com acúmulos de Lélia Gonzalez e Carlos Hasenbalg materializados no livro "Lugar de Negro", publicado em 1982 – antes registro até então ignorado por esta que vos fala, não por gosto, mas por projeto de nação –, o qual muito dialoga com as perspectivas que me propus a compartilhar neste trabalho desde o instante em que aceitei o convite de Álvaro Gonzaga, coordenador de nossa coleção. Este achado é só sinal de que a ancestralidade nos guia neste ofício de contar a história em primeira pessoa.

Vejamos o que Lélia nos diz sobre lugar:

> **As condições de existência material dessa população negra remetem a condicionamentos psicológicos que devem ser atacados e desmascarados.** *Os diferentes modos de dominação das*

diferentes fases de produção econômica no Brasil parecem coincidir num mesmo ponto: a reinterpretação da teoria do lugar natural de Aristóteles. Desde a época colonial aos dias de hoje, a gente saca a **existência de uma evidente separação quanto ao espaço físico ocupado por dominadores e dominados. O lugar natural do grupo branco dominante são moradias amplas, espaçosas, situadas nos mais belos recantos da cidade ou do campo e devidamente protegidas por diferentes tipos de policiamento: desde os antigos feitores, capitães do mato, capangas etc., até a polícia formalmente constituída.** Desde a casagrande e do sobrado, aos belos edifícios e residências atuais, o critério tem sido sempre o mesmo. **Já o lugar natural do negro é oposto, evidentemente: da senzala às favelas, cortiços, porões, invasões, alagados e conjuntos "habitacionais" (cujos modelos são os guetos dos países desenvolvidos) dos dias de hoje, o critério também tem sido simetricamente o mesmo: a divisão racial do espaço.**

No caso do grupo dominado o que se constata são **famílias inteiras amontoadas em cubículos, cujas condições de higiene e saúde são as mais precárias.** Além disso, aqui também se tem a presença policial; só que não é para proteger, mas para reprimir, violentar e amedrontar. É por aí que se entende que o outro lugar natural do negro sejam as prisões e os hospícios. A sistemática repressão policial, dado o seu caráter racista (segundo a polícia, todo crioulo é marginal até que se prove o contrário), tem por objetivo próximo a

> *imposição de uma submissão psicológica através do medo.* **A longo prazo, o que se pretende é o impedimento de qualquer forma de unidade e organização do grupo dominado, mediante a utilização de todos os meios que perpetuem sua divisão interna.** *Enquanto isso o discurso dominante justifica a atuação desse aparelho repressivo falando em ordem e segurança sociais.*
> *(GONZALEZ, 1982, p. 15 -16)*

Restrição.
Limitação.
Impedimento.
Ai daquela que ousa desafiar o lugar social, assim seguimos nós.

E quando se "chega lá" é a constante sensação de estar no lugar errado acompanhada sempre da solidão. Côncavo convexo, o costumeiro ineditismo. Ouvidos moucos para corpos e vozes dissonantes da ordem historicamente imposta, isto é, a presença sem pertencimento, sem patrimônio, herdeiras do eterno principiar de gostos, cheiros e sabores, reitero, não por vontade.

Brasil, engendrado de vazios. De olhos que veem, mas não leem com interesse a alteridade – racializada – que se apresenta.

Revisitando hábitos da infância, elenco abaixo alguns dos significantes que o dicionário Michaelis traz sobre referida palavra:

> "1 *Espaço, independentemente do que possa conter.*
> 2 *Espaço ocupado por um corpo.*
> (...)

> 4 Espaço onde habitualmente se realizam determinadas atividades
> (...)
> 8 Espaço ou assento à mesa:
> (...)
> 10 Posto, posição ou sítio onde se exerce qualquer função ou mister.
> (...)
> 13 Posição relativa na escala social.
> 14 Posição que uma pessoa ocupa por direito, nomeação, concurso; cargo, posto, colocação.
> 15 Posição relativa ao grau de importância de alguém ou de alguma coisa, em qualquer contexto (...)
> 16 Espaço de tempo livre no meio de uma atividade ou de um trabalho; folga, lazer, vagar.
> 17 Ocasião oportuna ou circunstância favorável; ensejo, motivo:
> (...)
> 22 Sentido ou direção a seguir; orientação, rumo."

Lélia deu a letra e imagino que você *sacou*, mas assim pergunto a você, qual o lugar de pessoas negras nas cidades e nos territórios *brasilis*? Tenho algumas respostas e te convido a pensar sobre elas.

Como que em um joguete secular de presença legislativa e ausência estatal, se estrutura o Brasil. O direito à cidade, conceito cunhado em 1968 pelo sociólogo Henri Lefebvre, não prescindiu a essa máxima.

Em um país de realidades opostas em que, em grande medida, direito é sinônimo de privilégio, não é de se espantar que somente algumas castas tenham acesso garantido a direito social coletivo, qual seja, à cidade e à moradia digna, haja vista que o fazer na produção da cidade compartimenta os modos de vida, segrega os corpos e instrumentaliza os usos do espaço urbano.

Lembremos que os anos que se seguiram após o processo de abolição inconclusa desencadearam o processo de urbanização do Brasil. Expeliram-se das centralidades a negritude e a pobreza, às quais restaram os morros e as margens das cidades.

Alguns acontecimentos ilustram esse período e suas resultantes como: o advento das primeiras rodovias (1920); o início do processo de favelização na cidade de São Paulo (1940); o congelamento dos preços dos aluguéis, via decreto-lei do inquilinato (1942); a criação do Sistema Financeiro de Habitação (SFH) e do Banco Nacional de Habitação (BNH), junto da ruptura democrática (1964); a restrição da ocupação de alguns terrenos de São Paulo (1970); a promulgação da Constituição Federal (1988), com a regulamentação dos artigos 182 e 183, por meio da sanção do Estatuto da Cidade (2001); o lançamento do Programa Minha Casa Minha Vida (2009); e o artigo 35 do Estatuto da Igualdade Racial, Lei nº 12.288/2010, que prevê o direito à moradia para população negra.

Caríssimos, embora tenhamos um arcabouço legal robusto, festejado internacionalmente, tal instrumento se apresenta ineficaz no enfrentamento das complexidades que desvelam a precariedade da organização social urbana. Expropriação, reestruturação urbana e reintegração de posse – acompanhadas da constante vigilância e controle, com usos díspares da força (a depender da localidade) – imperam no ciclo vicioso da reprodução das desigualdades socioterritoriais. Aceitamos, sem maiores questionamentos, posturas arbitrárias e atentatórias à subcidadania vigente nas periferias.

A advogada negra e pesquisadora Thula Pires nos lembra:

> O processo de racionalização e desenvolvimento do direito penal apresentou-se como medida necessária para garantir que o processo de industrialização e urbanização se efetivasse. Numa relação conflituosa entre a Escola clássica e Positivista, o modelo de controle social pela esfera penal se consolidou a partir de um aparato violento, arbitrário, seletivo e hierarquizante (racista, sexista e classista). (PIRES, 2013, p. 231)

O território é o palco da vida, onde tudo se dá, do alimento ao abrigo. Observamos, no entanto, que há pouco debate a esse respeito que extrapole a academia ou os históricos movimentos sociais que lutam pela democratização do espaço no campo e na cidade. Falemos para "não iniciados", é urgente.

Não por acaso, o modo de vida urbano que hoje adotamos implica consumo excessivo da cidade e dos bens produzidos por muitos – por muitas vezes, em condições, no mínimo, controversas – para tão poucos. O que resulta – adotando a metodologia da Fundação João Pinheiro – em coabitação; precariedade domiciliar; ônus excessivo de aluguel; e adensamento excessivo de domicílios alugados, *trocando em miúdos*: temos um preocupante déficit habitacional. Cenário agravado pela insuficiência de estoque de reserva, em outras palavras, moradia digna no Brasil é uma realidade da qual desfrutam pouquíssimas pessoas.

Pessoas negras cotidianamente vão às ditas centralidades durante a semana com a finalidade de servir, mas sua mobilidade aos finais de semana, momentos, em tese, da prática do ócio, fica restrita; numa reinterpretação do *utilitarismo* britânico, o ir e vir do trem lotado, do trânsito engarrafado, do passo apertado parece ter encontrado outra finalidade.

Ser uma pessoa negra no Brasil é confrontar, desde tenra idade, a negativa a vigente sobre sua humanidade.

NÃO PODE. NÃO SERVE. NÃO É PARA VOCÊ.
SUA LINGUAGEM NÃO SERVE.
TEUS TRAÇOS NÃO SERVEM.
TUA CULTURA NÃO SERVE.
VOCÊ SERVE PARA SERVIR.

Pensando cá com meus botões. Que *mania* tem as pessoas de nos restringir.

Eu mesma reúno tantos gostos e tantos interesses. As letras, a música, o canto, o drama, a vida, ah a vida. Somos uma infinitude, para além da dor, mesmo que insistam em nos reservar este lugar à lapa. Torrente de multiplicidade, aprendizados da estratégia ancestral de sobrevida.

Queria ter sido modelo, mas me abortaram quando os sonhos eram outros. Ainda hoje acredito que teria muito êxito na música. Faltaram oportunidades que alavancassem sonhos. De novo, não estou infelizmente falando exclusivamente de minha história.

É preciso dizer o óbvio: esta nação nos odeia e nos jurou de morte, e, boa pagadora que é, vem cumprindo o dejúrio secular.

Processo que não se inicia com a morte física, mas com a morte simbólica de nossos fazeres e dizeres neste mundo, e culmina, ao fim, na morte física. Como já dissemos acima, sem maiores comoções. É o que ilustra

Juliana Borges, pesquisadora em Antropologia nesta passagem de seu livro, *O que é Encarceramento em Massa*:

> *Muitas são as formas de negar lugar aos corpos negros. A ideia de lugar como "nação" é uma delas, como já dissemos anteriormente, a partir das formulações de Brah. O que é a nação brasileira? Os discursos de mulatização, as políticas de embranquecimento e as teorias deterministas e eugenistas do fim do século XIX e do início do século XX são exemplos dessa negação de pertencimento. Foram ações de apagamento da existência do negro no processo de constituição da sociedade brasileira. Houve, em um primeiro momento, a negação da contribuição positiva do negro no que se constitui Brasil e no corpus e compreensão identitária e geográfica do que se entende por sociedade brasileira. Posteriormente, essa contribuição, ao invés de negada, é subvertida, aculturada e abrandada, reduzida ao caráter festivo, alimentício e desportivo no país, desconsiderando, com isso, epistemologias, modos de olhar e entender o mundo. A contribuição do negro passa, portanto, a figurar apenas no aspecto cultural da sociedade brasileira e, mesmo nessa seara, de modo inferiorizado. Apenas quando essas manifestações culturais ascendem e são apropriadas pelo branco e sua indústria cultural é que são reconsideradas e bem-vistas pelo corpo político-social.* (BORGES, 2019, p. 45)

Usando a lente de advogada – calma, vem aí um *juridiquês* com pretuguês[4], mas está tudo bem, fiquem comigo, risos dessa vez sem lágrimas, pois aprendi a decodificar – e compreendendo que o Direito e as normas têm papel fundamental na discussão que pretendemos travar aqui, cumpre dizer que, analisando o campo legal com um pouco mais de acuidade, observamos que passados mais de cento e trinta e três anos após o ato que sanciona a Lei Áurea, é instaurada no Brasil uma nova ordem constitucional, com a promulgação da Constituição Federal de 1988, considerada a constituição cidadã, a qual elenca diversos Direitos Fundamentais, entre eles o direito a não discriminação que se origina no Direito à igualdade, isto é, a expressa vedação ao racismo.

No entanto, a realidade demonstra que, ainda que sancionada a Lei que tornava juridicamente o negro pessoa e não mais propriedade de um senhor de escravos, a população afrodescendente convive diariamente com uma série de ausências no acesso aos Direitos Fundamentais básicos internacionalmente ratificados, constitucionalmente positivados, o que podemos chamar de abolição incompleta, inacabada.

O Constituinte, compreendendo o cenário brasileiro, previu dispositivos legais buscando promover o direito à igualdade, conforme se observa nos artigos 3º, IV e 5º, caput, da Constituição Federal de 1988.

---

[4] Pretuguês é um termo forjado por Lélia Gonzalez, segundo a qual: "É engraçado como eles [sociedade branca elitista] gozam a gente quando a gente diz que é Framengo. Chamam a gente de ignorante dizendo que a gente fala errado. E de repente ignoram que a presença desse r no lugar do l nada mais é do que a marca linguística de um idioma africano, no qual o l inexiste. Afinal quem é o ignorante? Ao mesmo tempo acham o maior barato a fala dita brasileira que corta os erres dos infinitivos verbais, que condensa você em cê, o está em tá e por aí afora. Não sacam que tão falando pretuguês."

Ainda no que tange à esfera constitucional pátria, os chamados Direitos Fundamentais assumem, entre outras características, a inviolabilidade, a indisponibilidade, a imprescritibilidade, a universalidade, direitos dos quais goza toda pessoa humana, delineando parâmetros básicos para uma existência digna – a qual, já adiantamos acima, no Brasil, não é realidade para muitos grupos vulnerabilizados.

Importante dizer que os autores por vezes divergem quanto à conceituação de tais direitos, vez que costumeiramente se confundem com Direitos Humanos. Entendemos que os primeiros estão no plano nacional e os últimos, em âmbito internacional. Nesse seguir pontua o professor Ingo Wolfgang Sarlet:

> *Em que pese sejam ambos os termos ("direitos humanos" e "direitos fundamentais") comumente utilizados como sinônimos, a explicação corriqueira e, diga-se de passagem, procedente para a distinção é de que o termo "direitos fundamentais" se aplica para aqueles direitos do ser humano reconhecidos e positivados na esfera do direito constitucional positivo de determinado Estado, ao passo que a expressão "direitos humanos" guardaria relação com os documentos de direito internacional, por referir-se àquelas posições jurídicas que se reconhecem ao ser humano como tal, independentemente de sua vinculação com determinada ordem constitucional, e que, portanto, aspiram à validade universal, para todos os povos e tempos, de tal sorte que revelam um inequívoco caráter supranacional (internacional).*
> (SARLET, 2006, p. 35-36)

Assim, percebe-se que Direitos Fundamentais e Direitos Humanos têm íntima ligação, mas não são termos que se confundem, estando o primeiro dentro do segundo. A preocupação em promover a igualdade e a não discriminação também é presente em outros diplomas normativos como a Declaração e o Programa da Ação de Durban, os quais tratam, dentre outros temas, do reconhecimento da luta global contra o racismo e a discriminação, em respeito aos Direitos Humanos. Nesse sentido, afirma a Declaração:

> 3. Reconhecemos e afirmamos que, no limiar do terceiro milênio, a luta global contra o racismo, discriminação racial, xenofobia e intolerância correlata e todas as suas abomináveis formas e manifestações é uma questão de prioridade para a comunidade internacional e que esta Conferência oferece uma oportunidade ímpar e histórica para a avaliação e identificação de todas as dimensões destes males devastadores da humanidade visando sua total eliminação através, inter alia[1], da adoção de enfoques inovadores e holísticos, do fortalecimento e da promoção de medidas práticas e efetivas em níveis nacionais, regionais e internacionais. (DECLARAÇÃO DE DURBAN, 2001, p. 10)

Referido documento dispõe ainda, em seu item 2, do Capítulo de Questões Gerais, que racismo, xenofobia, intolerância religiosa também se dão em razão da cor, etnia e cor da pele:

> 2. Reconhecemos que racismo, discriminação racial, xenofobia e intolerância correlata ocorrem com base na raça, cor, descendência, origem

> *nacional ou étnica e que as vítimas podem sofrer múltiplas ou agravadas formas de discriminação calcadas em outros aspectos correlatos como sexo, língua, religião, opinião política ou de qualquer outro tipo, origem social, propriedade, nascimento e outros (DECLARAÇÃO DE DURBAN, 2001, p.9).*

Nesse sentido, Jaci Menezes realizou pesquisa que aponta que o pós-abolição não atendeu às expectativas dos abolicionistas, pois se observou que a sociedade brasileira reverteu o processo que havia sido posto em xeque pela experiência abolicionista, resultando na continuidade de milhões de brasileiros, descendentes dos escravizados, viverem de forma semelhante àquela em que viviam sob a escravatura, dado à indigência a que foram lançados. Nesse ínterim, a pesquisa conclui que "a abolição da escravatura não criou as condições para que os antigos escravos pudessem alcançar a igualdade, a cidadania plena" (MENEZES, 2009, p.100).

Destarte, o processo de abolição inconclusa possibilita ao Estado perpetuar também uma posição inerte no enfrentamento da desigualdade social, provocada pela racialização das relações sociais, a qual encontra respaldo no mito da democracia racial. Assim negros continuam a ser atores sociais subjugados, para os quais costumeiramente se tem um lugar socialmente determinado. Tanto assim é que, apesar dos números alarmantes de mortes de jovens negros no Brasil, não se reconhece que haja aqui em solo brasileiro um processo de genocídio em curso.

Pode não parecer, mas a lógica racista é autofágica também para não negros, já que as desigualdades sociais e raciais são territórios férteis para promoção da violência.

Assim destaca o Mapa Desigualdade 2020, pesquisa realizada pela Rede Nossa São Paulo:

> *Os efeitos da desigualdade são perversos e afetam a todas e todos, inclusive às pessoas socialmente mais privilegiadas. Esses efeitos se refletem em vários aspectos mensuráveis, como nos índices de criminalidade e violência (social e simbólica); nos tipos e na remuneração do trabalho; no nível de estresse e nas doenças que afetam a população. Esses números demonstram, explicitamente, os sinais de uma sociedade desequilibrada e com baixos índices de bem-estar social. (MAPA DA DESIGUALDADE, 2020, p. 5)*

Diferentemente do que formulou Lombroso, Nina Rodrigues, Lacerda e outros da galera que acreditava na eugenia, sabemos hoje que a lógica vigente desde muito antes é a do encarceramento em massa e a da seletividade penal, sistemas que buscam apartar da sociedade corpos tidos como descartáveis. A esse respeito, Dina Alves, advogada, feminista e pesquisadora das interseccionalidades entre raça, gênero e classe, no contexto do cárcere, lança luz:

> *É neste sentido que podemos considerar o ordenamento jurídico brasileiro como uma (re)atualização da ordem escravocrata. Que tal sistema patriarcal-punitivo tinha (e tem) no corpo da mulher negra um de seus principais alvos pode ser ilustrado não apenas na experiência de mulheres empregadas domésticas negras aprisionadas nas cozinhas das elites brancas, mas também nas estatísticas prisionais que apontam aumento*

consistente no número de mulheres negras presas. (ALVES, 2017, p. 109)

A este respeito a advogada afro-americana e defensora dos direitos civis, Michelle Alexander, elabora em sua obra que é um marco da contemporaneidade sobre o tema:

> O caráter do Sistema de Justiça Penal é outro. Não se trata da prevenção e punição do crime, mas sim da gestão e do controle dos despossuídos. [...] encarceramento em massa tende a ser categorizado como problema de justiça criminal oposto à justiça racial ou problemas de direitos civis (ou crise). (ALEXANDER, 2018, p. 9)

Acrescenta-se ainda o que asseveram os juristas Zaffaroni e Pierangeli:

> Há uma clara demonstração de que não somos todos igualmente "vulneráveis" ao sistema penal, que costuma orientar-se por "estereótipos" que recolhem os caracteres dos setores marginalizados e humildes, que a criminalização gera fenômeno de rejeição do etiquetado como também daquele que se solidariza ou contata com ele, de forma que a segregação se mantém na sociedade livre. (ZAFFARONI; PIERANGELI, 2013)

Nessa toada, fazendo uma análise criminológica, Chambliss e Seidman, ao tratar da questão da criminalização conflitual e da análise da justiça criminal, sustentam que "[...] *a justiça penal não é um mecanismo neutro, capaz de resolver pacificamente os conflitos sociais e culturais, sendo uma expressão permanente da nossa sociedade, cuja estrutura e o funcionamento responde aos interesses dos grupos de poder"* (CHAMBLISS; SEIDMAN, 2014, p. 897).

Juliana Borges, ainda em sua obra que trata da política de encarceramento, colaciona com precisão números sobre a composição do Sistema de Justiça Criminal Brasileiro:

> *Sistema de Justiça Criminal Brasileiro em cores:*
> - **84,5%** *dos juízes, desembargadores e ministros do Judiciário são brancos,* **15,4% negros**, *e* **0,1% indígenas;**
> - **64%** *dos magistrados são homens,* **36%** *das magistradas são mulheres;*
> - *82% das vagas nos tribunais superiores são ocupadas por homens;*
> - *30,2% de mulheres já sofreram reação negativa por serem do sexo feminino;*
> - **69,1%** *dos servidores do Judiciário são brancos,* **28,8%** *são negros,* **1,9%** *amarelos;*
> - **67% da população prisional é negra (tanto entre homens quanto entre mulheres);**
> - *56% da população prisional masculina é jovem, 50% da população prisional feminina é jovem.* (grifo meu) (BORGES, 2019, p. 58)

Como estamos falando do exercício do poder por meio da narrativa, não posso me furtar de compartilhar com vocês algumas impressões sobre nosso sistema político.

Pois bem, segundo dados da pesquisa intitulada Negros na Política: Estudo Sobre a Representação em Cargos Legislativos e Executivos no Brasil, publicação científica da Revista FSA divulgada no **segundo semestre de 2020**, nós pessoas negras somos apenas 24,4% e 28,5% das representações federais e estaduais, respectivamente.

Já no âmbito municipal, a pesquisa constatou que somos somente 29,19% dos ocupantes da chefia do executivo. Concluindo que há, portanto, uma política de racismo estrutural e institucional no exercício do poder político.

> *(...)*
>
> *houve uma sub-representação de negros em cargos no executivo e no legislativo nas eleições federais e estaduais de 2018, haja vista que, mesmo sendo a maioria da população no Brasil, os negros foram a minoria nesses cargos políticos analisados.* **Além disso, a falta ou ausência de candidaturas negras não é uma das principais justificativas para explicar essa sub-representação, pois a diferença de candidaturas entre brancos e negros é de apenas 7%. Portanto, percebe-se que é durante o processo que se dá entre a candidatura e a eleição que os negros são excluídos das instâncias políticas.** *Esses dados vão ao encontro do estudo de Campos e Machado (2015), que mostrou que a falta de representação de negros não se devia exclusivamente à falta de candidatos negros, mas a filtros que no período eleitoral "impediam" a vitória eleitoral desses sujeitos.*
>
> *(...)*
>
> No caso das disputas para o pleito de governador, a porcentagem de candidatos brancos é o dobro da de negros, **enquanto a de eleitos chega a ser o triplo**. Nas disputas pelo cargo de deputados estaduais a diferença é menor. A porcentagem de candidatos negros é próxima de brancos. **No entanto, quando observado a cor daqueles que venceram as eleições, mais**

> de 70% são brancos. *Além disso, novamente, percebe-se que cargos mais disputados tendem a ter menos candidatos autodeclarados negros.*
>
> *(...)*
>
> *dentro da dinâmica eleitoral,* **o cargo de vereador seja mais acessível à população negra por não demandar recursos financeiros tanto quanto outros cargos.** *Além disso, por estar dentro do sistema de cargos proporcionais, isso pode ser benéfico aos disputantes, pois o coeficiente partidário permitiria maior chance de outsiders serem "puxados" pelos vereadores eleitos com mais votos.*

Não à toa, no último pleito eleitoral, movimentos negros, organizados e independentes se mobilizaram, como se faz historicamente, na busca pela reversão de tal quadro de sub-representação. Assim, em agosto de 2020, o Tribunal Superior Eleitoral (TSE) decidiu que os partidos teriam de destinar, de maneira proporcional entre candidates negros e não negros, os recursos do fundo eleitoral, que é, em apertada síntese, dinheiro público dedicado ao financiamento de campanhas eleitorais.

Importante dizer que esta é uma medida significativa na busca por equilíbrio por representação política institucional, já que, nos moldes atuais, o acesso aos recursos financeiros no pleito eleitoral é fundamental, para não dizer decisório, na capilaridade de quem se propõe a disputar as eleições. Sem falar das ainda presentes táticas ilegais de "compra de voto" ou boca de urna.

A discussão política qualitativa é algo ainda distante de grande maioria do eleitorado brasileiro, por projeto e não por escolha, posto que não consideramos a educação básica pública de qualidade como prioridade. A constante das desigualdades e da urgência pela sobrevivência nos leva a não ter tempo ou disposição para pensar a longo prazo. O mesmo ocorre com a linguagem empregada nestes ambientes, jargões e vernáculos particulares distanciam o povo, que deve ser o verdadeiro soberano da democracia.

Não basta entrar, precisa conseguir legislar. Horror, morte e tentativa de silenciamento. Este foi o odioso destino de Marielle Franco, parlamentar negra, lésbica, mãe, filha, carioca. Tentaram despertar em nós uma letargia, mas a semente de girassol floresce, portanto, não seremos interrompidas.

São graves e recorrentes os casos de violência política. Recentemente, mais precisamente em maio de 2021, a primeira vereadora trans eleita na cidade de Niterói, Rio de Janeiro, Belly Briolly, deixou o país após ameaças contra sua vida.

As violências institucionais são de toda ordem, mas a resistência ao não lugar é constante. Na disputa eleitoral que se travou em 2020, foram eleites 30 pessoas trans de acordo com levantamento não oficial da comunidade LGBTIA+, sendo Erica Malunguinho, precursora da primavera trans no parlamento mundial[5], pois é a primeira mulher negra e trans ao cargo de deputada no mundo.

Ingressadas na institucionalidade, cabe ao Estado e a nós como sociedade zelar pelas vozes dissonantes da ordem estabelecida.

A você que está se perguntando por que motivo estou lendo sobre vidas trans quando o objetivo aparente desta obra era racializar o debate sobre as humanidades, te

---

[5] Primavera trans no parlamento é o movimento ao qual intitulo o início da ocupação institucional por pessoas transexuais e travestis no Brasil e no mundo.

respondo que a radicalidade discursiva se faz também no lugar em que se espera o silêncio, dito isso, a subversão é verbalizar dando nuances a existência.

> *Não se trata simplesmente de ver a diferença para reivindicar igualdade. Não queremos diminuir a brecha para que sejamos tão exploradas quanto os homens. O que nos interessa, e o que permite valorizar uma economia feminista, é a luta que as mulheres, lésbicas, trans e travestis protagonizam pela reprodução da vida contra as relações de exploração e subordinação. (GAGO, 2020, p. 144)*

Vamos adiante.

Nos detendo ainda no debate sobre poder, não podemos deixar de tecer alguns comentários sobre circulação e distribuição de renda, mobilidade social e expectativa de vida. Entrecruzamentos que atravessam sobremaneira a existência negra.

A pandemia, agora sim falo do coronavírus, revelou para o grande público fascículos dos bastidores do subterrâneo da existência. Fomos lembrados da grande concentração de renda – coisas da reforma tributária e política que não vem –, da miserabilidade em que vivem as pessoas em situação de rua, o país entrou novamente no mapa da fome. Não se sabe se por culpa ou consciência, mas o fato é que também aumentaram as doações de caráter assistencial para as favelas e periferias Brasil adentro, avassaladas pelo desalento.

"Invenção" carioca de 1897, o Morro da Providência, considerada a primeira favela brasileira, que surge, em grande medida, com a destruição do "Cabeça de Porco", cortiço destruído a mando do prefeito Barata Ribeiro quatro anos antes. Favela, reduto de organização política e social negros.

Nestes mesmos territórios das ausências estatais, pulsa a potência. De acordo com o estudo "Economia das Favelas" realizado pelos institutos Locomotiva e Data Favela em dezembro de 2019, residiam nas favelas cerca de 13,6 milhões de pessoas, sendo 67% dessas pessoas negras.

Os dados da pesquisa ainda revelam que as favelas brasileiras têm poder de consumo de R$119,8 bilhões de reais, logo marcas e empresas que não dialoguem com os moradores desses territórios, desde as preferências de consumo, a linguagem visual, a estética, a imagética, perderão promissoras oportunidades de negócios[6].

Eles não falam conosco. *Noiz* não fala com eles – não cabe a linguagem, não cabe o corpo. E quando a gente chega tudo está fora do lugar. Sem padrinho, posto que *noiz é* filha de outra dinastia.

Dadas as já conhecidas políticas de expropriação, aqueles que conseguem romper experimentam um novo lugar de solidão, visto que inauguram a geração de pretos proprietários-possuidores, desde a agenda até a forma de vida. Gestores da própria sorte. As novas residências em bairros luminosos "sem cor" tingidos de alvidez em uniformes servis sem rosto, o verde das praças e o azul do céu, que agora não se vê mais dos fundos, não parece

---

[6] Em entrevista ao jornal Valor Econômico, em janeiro de 2020, Renato Meirelles, presidente do Instituto Locomotiva, afirma: "Vemos empresas expandindo para cidades de 7 mil habitantes antes de se apropriar das favelas, que têm mais consumidores", diz Meirelles, considerado um dos principais especialistas em consumo e opinião pública do país. "Entender as favelas como território aberto ao consumo pode ser um atalho para expansão das empresas brasileiras".

o espelho. Algo está fora de lugar. Os muros que cercam as "trincheiras do sucesso" seguem tingidos de branco e não nos vemos por aqui.

Ainda falando em pertença e não lugar.

Interseccionalizando a invisibilidade. As TRANS-ações CIS-temáticas seguem a todo vapor.

Não há população destinada a uma única profissão, ensina Erica Malunguinho, artista, negra, parlamentar primor da primavera institucional, porém os números demonstram que a população transexual e travesti segue aviltada do arbítrio. Estima-se que cerca de 90% das mulheres transexuais e travestis exerçam a atividade de profissional do sexo, não por opção, mas por projeto de nação, já que muitas delas são expulsas de casa entre 12 e 16 anos de idade por família que não as aceita.

A emancipação será coletiva ou não será. A gira é de gênero, de cor, de classe. Conceitua esse trilhar Kimberlé Williams Crenshaw, jurista afro-americana:

> *A associação de sistemas múltiplos de subordinação tem sido descrita de vários modos: discriminação composta, cargas múltiplas, ou como dupla ou tripla discriminação. A interseccionalidade é uma conceituação do problema que busca capturar as consequências estruturais e dinâmicas da interação entre dois ou mais eixos da subordinação. Ela trata especificamente da forma pela qual o racismo, o patriarcalismo, a opressão de classe e outros sistemas discriminatórios criam desigualdades básicas que estruturam as posições relativas de mulheres, raças, etnias, classes e outras. Além disso, a interseccionalidade trata da forma como ações e políticas específicas*

> geram opressões que fluem ao longo de tais eixos, constituindo aspectos dinâmicos ou ativos do desempoderamento.
>
> Utilizando uma metáfora de intersecção, faremos inicialmente uma analogia em que os vários eixos de poder, isto é, raça, etnia, gênero e classe constituem as avenidas que estruturam os terrenos sociais, econômicos e políticos. É através delas que as dinâmicas do desempoderamento se movem. Essas vias são por vezes definidas como eixos de poder distintos e mutuamente excludentes; o racismo, por exemplo, é distinto do patriarcalismo, que por sua vez é diferente da opressão de classe. Na verdade, tais sistemas, frequentemente, se sobrepõem e se cruzam, criando intersecções complexas nas quais dois, três ou quatro eixos se entrecruzam. As mulheres racializadas frequentemente estão posicionadas em um espaço onde o racismo ou a xenofobia, a classe e o gênero se encontram. Por consequência, estão sujeitas a serem atingidas pelo intenso fluxo de tráfego em todas essas vias. As mulheres racializadas e outros grupos marcados por múltiplas opressões, posicionados nessas intersecções em virtude de suas identidades específicas, devem negociar o tráfego que flui através dos cruzamentos. (CRENSHAW, 2002, p. 177)

Viventes do mesmo infortúnio, tal qual os escravizados no final do século XIX, hoje no Brasil as pessoas trans têm a mesma expectativa de vida, qual seja 35 anos de idade. São estes dados não oficiais, levantados pela

Associação Nacional de Travestis e Tranexuais – ANTRA, já que o Estado não o faz. Desvelando assim a negligência com a comunidade trans, bem como a incipiência de políticas públicas voltadas à promoção da cidadania. Muito ao contrário, já que o Brasil é o país que mais mata pessoas transexuais no mundo, de acordo com o Transgender Europe.

Nos disseram que NÃO, mas o fazer e o viver revelam que somos capazes de subverter a ausência desafiando o não lugar. E, traçados compromissos coletivos e institucionais, é possível prover significativos avanços.

Compartilho então experiência particular para que me creias: Durante dois anos estive coordenadora chefe do Departamento de concessão de bolsas do Instituto Brasileiro de Ciências Criminais – IBCCRIM, ladeada de valiosas companheiras e companheiro dos quais quero destacar Cristiane Ávalos, Danielle de Godoi, Denise Teixeira, Diogo José, Ester Rufino, Francisca Souza, Ketlein Cristini de Souza, Lázara Carvalho, Regiane Queiroz, Renata Miranda Lima. Entidade a qual fui apresentada em 2016 quando ingressei como bolsista do Curso Internacional de Direitos Fundamentais e Processo Constitucional, me tornando especialista com a apresentação de trabalho que tratava do genocídio da população negra no Brasil, texto que inclusive compõe parcialmente esta obra.

O que gostaria de compartilhar com você é que, durante nossa gestão no IBCCRIM, pudemos contribuir efetivamente com a alteração imagética racial e social, do ponto de vista físico e simbólico, já que se ampliou o espaço para que grupos vulnerabilizados pudessem pensar as ciências criminais, em primeira pessoa. Homens e mulheres trans, pessoas egressas do sistema prisional, pessoas defensoras de direitos humanos. Elevamos também as cotas raciais para pessoas negras e indígenas para 50%, inserindo ainda integrantes de povos e comunidades tradicionais no rol dos beneficiários das políticas institucionais.

Fui responsável pela proposta de mudança estatutária de reserva de vagas para pessoas negras na composição da diretoria, que resultou na condução de Ester Rufino ao posto de primeira pessoa negra a integrar a diretoria, após quase 30 anos de existência do instituto.

Tempos outres hão de surgir do alicerçar do levante ancestral.

Antes que digam que é autopromoção, não esqueçamos que desde o início lhes contei que falaria em primeira pessoa, já que são raras as oportunidades que temos de fazê-lo, sem interferência, sem recortes, sem avaliações ou identitarização.

Com isso quero dizer que a presença e disputa de lugares sociais nos quais a população negra foi impedida de estar, construir e participar é transformada e deve ser responsabilidade de todas as pessoas comprometidas com um projeto de sociedade livre e verdadeiramente democrática. Do contrário, continuarão pessoas negras a serem *tokens* para afagar o ego e aliviar a culpa de mentes e corpos acomodados em silenciamento.

CAPÍTULO 3

Silêncios coniventes (convenientes)?

Martha de Souza

Fica entre nós.

Política de exclusão há muito praticada nestas terras.

Prática supressiva, de empobrecimento e de manutenção da lógica de escassez que acomete vidas negras no Brasil.

Acesso e não compartilho. Usufruo e não reparto.

E fica entre nós!

Os recursos, o patrimônio, o acesso às pessoas, as informações, o privilégio, o poder. Fica entre nós.

Use máscara. Não me refiro aqui às recomendações de saúde que buscam coibir a propagação do vírus – para o qual já tem vacina inclusive, mas a *Anastácia*, mulher negra escravizada, *objeto* no sentido de Hooks e Grada, a qual tentaram apagar da história oficial. Mulher negra que viveu aprisionada em silêncio que se rompe nessa e tantas outras torrentes negras retumbantes.

O Brasil falhou na tentativa de forjar *Anastácias* e somos prova disso.

Descobrir o poder da própria voz é um processo que não tem volta. Não é mesmo?

Mulher negra, homem negro. Te convido a *desviar* todos os dias! É transformador e uma verdadeira trajetória de autoconhecimento, nossa voz tem um poder revelador de ocasionar mudanças. Não por acaso tentaram apagar o que construíram nossos ancestrais, a nossa cultura, impor a nós o medo e, por fim, o silêncio. Não por acaso não temos acesso à educação pública de qualidade – ao contrário são constantes as investidas pela precarização do ensino emancipador –, a História de nossas lideranças. Não por acaso, muitos de nós passam pela vida sem acessar a potência do que é ser NEGRO.

Me parece que esse silêncio epistemicida tem a ver também com o não reclame de reparação material e simbólica.

Silêncio, pois falar demanda ação, mais ainda, o reconhecimento de que é preciso mobilizar espaços, "desocupar cadeiras", promover um acerto de contas com juros e correção monetária. Já dissemos que no século XXI, com as conquistas afirmativas, vemos pela primeira vez um número maior de pessoas negras a constituir patrimônio. Não é por acaso que o sonho nacional do brasileiro é a "casa própria".

Silêncio que se dá também na representação afro-indígena nos espaços públicos de construção da memória. Levantamento realizado pelo Instituto Pólis, feito na cidade de São Paulo, indica que "**dos mais 360 monumentos que homenageiam personalidades e fatos históricos na cidade de São Paulo, menos de 3% representam pessoas negras e indígenas. (...) Das 367 obras, 200 retratam figuras humanas, mas apenas cinco são de pessoas negras, sendo quatro figuras masculinas e uma feminina**. Em relação a representações de indígenas, quatro estátuas trazem a temática, todas de figuras masculinas. Monumentos em homenagens a homens brancos somam 137 obras. (...) **A escultura da Mãe Preta, a única que representa uma mulher negra na cidade**, localizada no Largo da Paissandu, um bairro historicamente negro do centro, **retrata uma ama de leite com formas distorcidas, com a cabeça menor do que o resto do corpo. Os pesquisadores avaliam que essa representação condiciona e reforça a ideia de controle e subalternidade das mulheres negras**[7]". (grifo meu)

Para intervir a este respeito foi apresentado na Assembleia Legislativa de São Paulo o Projeto de Lei nº 404, que diz na ementa: "Dispõe sobre a proibição de

---

[7] https://agenciabrasil.ebc.com.br/direitos-humanos/noticia/2020-12/monumentos-em-sao-paulo-invisibilizam-historia-de-negros-e-indigenas – matéria da Agência Brasil sobre a pesquisa realizada pelo Instituto Pólis.

homenagens a escravocratas e eventos históricos ligados ao exercício da prática escravista, no âmbito da Administração Estadual direta e indireta".

O projeto que tramita a passos lentos[8], dado o caráter conservador dos componentes da atual legislatura, a baixa representatividade de parlamentares negros (apenas 4, dentre 94 deputados) racialmente letrados e de aspirações progressistas – análise em primeira pessoa, a qual faço após trabalhar por dois anos como assessora parlamentar nesta casa de leis, sendo uma das responsáveis pela coordenação jurídica do gabinete em que estive lotada.

Ainda referida propositura legislativa que conta com parecer favorável dos Núcleos Especializados de Habitação e Urbanismo (NEHABURB) e de Defesa da Diversidade e da Igualdade Racial (NUDDIR) da Defensoria Pública do Estado de São Paulo (DEPESP), bem como do Centro de Estudos Periféricos da Universidade Federal de São Paulo.

A presença reiterada e a possibilidade de pensar e incidir constroem o pertencimento. O sociólogo argentino Carlos A. Hasenbalg, em seu brilhante capítulo sobre a presença de negros na publicidade, no livro *Lugar de Negro*, que já mencionei aqui, traz importantes reflexões sobre as representações publicitárias e desdobramentos a partir da imagética construída, do qual destaco os seguintes trechos:

> *No registro que o Brasil tem de si mesmo o negro tende à condição de invisibilidade. Alguns exemplos servem para ilustrar as manifestações sintomáticas desta tendência:* **o lugar irrisório que a historiografia destina à experiência e contribuição do negro na formação desta**

---

[8] https://www.al.sp.gov.br/propositura/?id=1000327788 – andamento do projeto na casa de leis estaduais paulista.

sociedade; a queima dos documentos relativos ao tráfico de escravos e ao regime escravista; a retirada do quesito sobre a cor da população nos censos demográficos de 1900, 1920 e 1970, e a negação obstinada de discutir a existência de qualquer problema de índole racial.

O intento de fazer do negro um ser invisível não deveria chamar a atenção em uma cultura que, proclamando-se racialmente democrática, está **permeada pelo ideal obsessivo do embranquecimento.**

(...)

Apesar dos intentos em sentido contrário, a **identidade do negro está basicamente definida pelo branco.** *Neste ponto é necessário distinguir duas identidades. A primeira, de caráter público e oficial, deriva das concepções formuladas por Gilberto Freyre na década de 1930. Neste caso a identidade do negro está balizada pelos parâmetros de uma democracia racial; o negro é um brasileiro como qualquer outra e, como tal, não está sujeito a preconceitos e discriminações. A segunda identidade corresponde ao plano privado e incorpora duas dimensões.* **Uma delas a nível mais consciente e deliberado, traduz aquilo que, à boca pequena e em conversa entre brancos, constitui o repertório de ditados populares carregados de imagens negativas sobre o negro. Nesta dimensão o negro é representado ora como trabalhador braçal, não qualificado, ora como aquele que ascendeu socialmente** pelos canais de mobilidade considerados legítimos para o negro. *Este último grupo é assim definido por Lélia Gonzalez: "As imagens mais positivas vistas das pessoas negras são aquelas que representam os papéis sociais atribuídos pelo sistema: cantor e/ou compositor popular, jogador de futebol e 'mulata'. Em todas estas imagens há um elemento em comum: a pessoa negra é um objeto de divertimento".*

(...)

Desta acentuada desproporção pode-se derivar a conclusão de que **no raciocínio do publicitário o negro quase que inexiste como consumidor**. *A limitada capacidade aquisitiva da população negra poderia dar conta da ausência de apelos publicitários ao negro como consumidor potencial de carros de luxo, banheiras de hidromassagem e sofisticados equipamentos de som. Não obstante isso, o leque de produtos anunciados inclui uma variedade de bens e serviços de consumo popular difundido. Na lógica subjacente à publicidade a pergunta possivelmente é:* se **anunciando para brancos o negro também compra, por que arriscar-se a "denegrir" a imagem do produto?**

(...)

algumas conclusões preliminares:
a) **A publicidade não é alheia à dinâmica simbólica que rege as relações raciais no**

Brasil. Por ação e omissão, ela é instrumento eficaz de perpetuação de uma estética branca carregada de implicações racistas. *Nela o negro aparece sub-representado e diminuído como consumidor e como segmento da população do país, reforçando-se assim a tendência a fazer dele um ser invisível, "retirado de cena".*

b) Nas suas escassas incursões na publicidade, o negro tende a aparecer dissociado de produtos específicos, o que sugere a estratégia publicitária de evitar a "contaminação" da imagem desses produtos. *Além do mais, suas aparições tendem a ficar diluídas e amenizadas pela conjunta de representantes do grupo racialmente dominante.*

c) A publicidade reproduz estereótipos culturais sobre o negro, assim contribuindo para delimitar, no plano ideológico, "seus lugares apropriados". *Estes lugares esgotam-se na polaridade trabalho desqualificado/"entertainer", "objeto de consumo". (grifo meu) (HASENBALG, 1982, p. 105-108; 112)*

Carlos ilustra exatamente o que continua a acontecer nos dias atuais. Pessoas negras seguem irretratadas, em larga escala, em grandes campanhas publicitárias, raras as exceções que ainda hoje fogem ao padrão denunciado por Carlos, isto é, a retratação, quando existe, é, majoritariamente, em um lugar de *desportividade* e/ou subalternização.

Reitero, por projeto de nação e não por opção, nós, mulheres negras, passamos pela vida num contínuo de descobertas. Da fala ao cabelo. Da beleza ao autoamor. A cada descoberta *desvios* cotidianos do projeto colonial.

Meu primeiro *desvio* se deu ao denunciar em público, entre soluços e lágrimas, de mãos dadas com minha cura, a política de racismo institucional que se dera na universidade em que me formei. Única preta, cercada de acadêmicos de silêncios coniventes, vi ameaçadas minhas conjecturas de futuro quando a professora resolvera me reprovar no último semestre da graduação, advogada que sou, já estando eu aprovada no exame de ordem. Encurtando a história, meia vitória, graduei-me sem formatura, lembrando, sendo eu a primeira da família a acessar o ensino superior. Posamos eu e minha mãe na secretaria do curso de Direito para o registro da colação de grau. Sem testemunhas.

Meses antes, na reunião da turba branca que decidira meu futuro, tive de ouvir que não deveria ser aprovada apenas por ser bolsista. Tentaram impedir que eu falasse. Assumi ali meu primeiro caso, minha defesa particular, com a voz trêmula e os olhos marejados transbordando. O silêncio não venceu.

Teorizando a existência, me apoio novamente na análise que Grada faz de *Kathleen* e o significante de ser *a aluna negra*:

> (...) *Ela não tem apenas a responsabilidade de representar a "raça" – uma "raça" encarnada por conotações negativas –, ela também tem de a defender. Devido ao fato de que o racismo é um regime discursivo e não biológico, tais equivalências – ausência de sabedoria, ausência de cultura, ausência de história, ausência de inteligência – tornam-se aceitáveis. Nesse sentido, Kathleen não é apenas uma aluna na sala de aula em uma escola; ela é uma aluna negra encarcerada em*

> *imagens racializadas, às quais ela tem de se opor todos os dias. Ela tem de se assegurar que pode provar que "nós somos tão inteligentes, se não até melhores, que as outras (brancas e brancos)".* (KILOMBA, 2019, p. 175)

Emaranhado de alianças arenosas com o poder, que, movediço que é, te engole logo na primeira oportunidade. Ai de você se não se portar. Os conselhos: não desperte interesse com teu corpo "exótico", teu dedo em riste ou tua língua de intelecto ferino, não apareça mais do que eu. Fique exclusiva e agradeça por estar. Não convença por suas ideias, do contrário é *puta*.

Sem qualquer valoração de ordem moral, é duro e perverso navegar contra a ordem *pseudofeministas* de interesses umbilicais. Do mesmo modo o é fazê-lo contra a face estabelecida do poder branco patriarcal.

Ao conhecer o poder de frente e observar tudo que ele desperta no entorno, te conto, daqui do subterrâneo da existência, fede mais de que muita vala a céu aberto, um característico aroma secular, odor que não passa e não se disfarça embora mascarado de bons e caros perfumes.

Como demorei muito a poder falar e a entender o poder de minha voz, hoje te pergunto diretamente, leitor, o que você tem feito com seu tempo, seus recursos – materiais e simbólicos – com sua voz, com sua visibilidade para promoção da equidade racial?

Me ajuda a responder por que será que pessoas que detêm o poder de mudar a realidade de outrem com um gesto, uma ligação, uma conversa, um encontro, uma aproximação, preferem, muitas vezes, não fazê-lo e manter-se em silêncio?

Vem a minha cabeça ainda outros questionamentos:

Quantas são as pessoas negras com as quais você já se relacionou afetivamente?

Quantas são as pessoas que fazem parte do seu círculo social?

Quantas são as pessoas negras que frequentam sua morada? – um aviso: a trabalhadora doméstica não entra na conta, mesmo que você seja desses que a considere *"quase da família"*.

Adiantei alguns dos elementos que me parecem indícios para parte dessas respostas, pois para muitas de nós filhas de anélitas cessadas[9] que teimaram bradar, amar e rebelar-nos NEGRO, para nós, essa pergunta se responde no coletivo e encontra dificuldades em ser pensada no singular.

> *O medo branco de ouvir o que poderia ser revelado pelo sujeito negro pode ser articulado com a noção de repressão de Sigmund Freud, uma vez que a "essência da repressão" segundo o mesmo: "Encontra-se simplesmente em afastar-se de algo e mantê-lo à distância do consciente" (Freud, 1923, p.17). Esse é o processo pelo qual ideias – e verdades – desagradáveis se tornam inconscientes, vão para fora da consciência devido à extrema ansiedade, culpa ou vergonha que causam.*
>
> *Contudo, enquanto enterradas no inconsciente como segredos, permanecem latentes e capazes de ser reveladas a qualquer momento. A máscara vedando a boca do sujeito negro impede-a/o de revelar tais verdades, quais o senhor branco quer*

---

[9] Por anélita cessada entendo o processo sistêmico e secular de estrangulamento de vozes negras dissonantes.

"se desviar", "manter à distância" nas margens, invisíveis e "quietas". Por assim dizer, esse método protege o sujeito branco de reconhecer o conhecimento da/o "Outra/o". Uma vez confrontado com verdades desconfortáveis dessa história muito suja, o sujeito branco comumente argumenta "não saber...", "não entender...", "não se lembrar...", "não acreditar..." ou "não estar convencido...".

(...)
Falar torna-se, assim, virtualmente impossível, pois, quando falamos, nosso discurso é frequentemente interpretado como uma versão dúbia da realidade, não imperativa o suficiente para ser dita nem tampouco ouvida. *Tal impossibilidade ilustra como o falar e o silenciar emergem como um projeto análogo. O ato de falar é como uma negociação entre quem fala e quem escuta, isto é, entre falantes e suas/ seus interlocutoras/es (Castro Varela e Dhawan, 2003).* Ouvir é, nesse sentido, o ato de autorização em direção à/ao falante. Alguém pode falar (somente) quando sua voz é ouvida. Nessa dialética, aquelas/es que são ouvidas/ os são também aquelas/es que "pertencem". E aquelas/es que não são ouvidas/os se tornam aquelas/es que "não pertencem". *A máscara recria nesse projeto de silenciamento e controla a possibilidade de que colonizadas/os possam um dia ser ouvidas/os e, consequentemente, possam pertencer. (KILOMBA, 2019, p. 41-43)*

Grada consegue sintetizar séculos de espoliação de *logos*, torrente de silêncio.

Assim é em todos os aspectos da vida. Observo que a fim de tornar a conversa mais confortável para quem está habituado a ser a norma, utiliza-se no meio corporativo, por exemplo, a expressão *"viés inconsciente"* para retratar as manifestações do racismo, sem a culpa ou o constrangimento sobre os quais Grada formula. Conversas francas, nomear devidamente as situações e o reconhecimento de que existe um problema a ser enfrentado, são medidas necessárias para que, sabendo qual a doença, se ofereça o devido remédio. Não pode um médico antes de consultas, exames complexos e escuta do paciente proferir com exatidão um diagnóstico ou prescrever o tratamento. Seria antiético e ineficaz, assim o é com o percurso de subversão do racismo em todas as suas dimensões.

A materialização explícita da estruturalidade do racismo se dá quando, confrontadas, duas ou mais pessoas negras relatam as mesmas experiências de violação de sua humanidade, em todos os estágios da vida, na infância, na adolescência e na vida adulta, sem nunca terem cruzado anteriormente a existência da outra. O que poderia ser interpretado como uma questão cultural, como a roupa da época, o penteado do momento, passa a ser a tendência *retrô* que se reinventa a cada estação. Não esqueçamos, o racismo é a moldura que conforma o Estado brasileiro.

Alguns diriam que estamos no campo da subjetividade, a esses respondo que sim e não.

Sim, pois isso muito interessa para a conversa que estamos a estabelecer aqui.

E não, já que não se descola dos vernáculos que eu trouxe até agora para essa gira de Oris.

Não sou especialista na área, mas falando sobre minhas próprias experiências – com quais você talvez se identifique – a construção do afeto, do medo, da indiferença, da empatia, da curiosidade etc. passa, essencialmente, pelos vínculos que consigo estabelecer com determinada pessoa, coisa, manifestação cultural, entre outros objetos do nosso amor e ódio.

Concorda?

Logo, se passo pela vida sem conviver com o diferente, sem compreender o valor do diverso, tendo a não fincar em tal território as bandeiras do meu querer, do meu cuidar, de minha leniência ou afeição.

Está me acompanhando?

Então me parece que podemos assumir que pessoas negras são no Brasil portadoras de uma Humanidade Negociável. Sim, portadoras, como algo que não lhes pertence em definitivo, que pode lhes ser transferido, retirado, minorado, ignorado, a depender das circunstâncias.

Foram anos, décadas e séculos de uma construção que nega a nós negros a dignidade.

Neste sentido, Maria Aparecida Silva Bento, intelectual negra, doutora em psicologia pela Universidade de São Paulo, nos ajuda a avançar na compreensão das ideias e provocações sobre as quais discorri, ao elaborar o conceito do pacto narcísico da branquitude em sua tese:

> A omissão o silêncio de importantes atores do mercado de trabalho, aparecem materializados nas entrevistas com gestores, que raramente percebem o negro em seu universo de trabalho. **Tudo se passa como se houvesse um pacto entre brancos, aqui chamado de pacto narcísico, que implica na negação, no evitamento do problema com vistas a manutenção de privilégios raciais. O medo da perda desses privilégios, e o da responsabilização pelas desigualdades raciais**

constituem o substrato psicológico que gera a proteção do branco sobre o negro, carregada da negatividade. *O negro é inventado como um "outro", é visto como ameaçador. Alianças intergrupais entre brancos são forjadas e caracterizam-se pela ambiguidade, pela negação de um problema racial, pelo silenciamento, pela interdição de negros em espaços de poder, pelo permanente esforço de exclusão moral, afetiva, econômica, política dos negros, no universo social.*

Neste contexto é que se caracteriza a branquitude como um lugar de privilégio racial, econômico e político, no qual a racialidade, não nomeada como tal, carregada de valores, de experiências, de identificações afetivas, acaba por definir a sociedade. *Branquitude como preservação de hierarquias raciais, como pacto entre iguais, encontra um território particularmente fecundo nas Organizações, as quais são essencialmente reprodutoras e conservadoras.* (grifo meu) (BENTO, 2002, p. 7)

Maria Aparecida Bento, embora recorte sua pesquisa de doutoramento no mercado de trabalho, incontestavelmente nos apresenta uma realidade que se espraia para outros campos da vida, já que os comportamentos cessantes da humanidade negra por ela relatados estão presentes em todas as dimensões da nossa existência. Assim qualquer corpo ou voz "estranho", dissonante da ordem preestabelecida é entendido como inimigo ou ameaça ao *status quo*, devendo, portanto, ser eliminado. As táticas são as mais variadas: descredibilizar, silenciar, duvidar, se comparar..., se proteger.

O que nos leva a reanálise do trecho da pesquisa de Maria Aparecida já exposto, o qual consegue igualmente abordar outra temática que é objetivo de grande confusão e, muitas vezes, de distanciamento, o conceito de branquitude como "preservação das hierarquias raciais". A ausência de comprometimento com a pauta racial pelo receio de perder espaço, status, poder.

Quanto a nós negros, não há espaço para o erro, solitárias "exceções" que somos, quando se alcança "prestígio" ou "sucesso" nas empreitadas, há uma dupla carga de responsabilidade:

> *a) Com a comunidade negra em não frustrar o referencial que se torna, dada a escassez de "personagens visíveis" representados amplamente como significantes positivos de vida e existência, na crença de assim abrir espaços para outres pares;*

> *b) Com a comunidade não negra, o hercúleo esforço em manter a visibilidade, abrir espaços de interlocução – sempre atentes ao tom empregado dada a fragilidade instalada em situações de contradito, lembremos não há hábito – rechaçar e descolar-se a todo instante do imaginário negro "delinquente", "preguiçoso", "inapto", "benevolente" entre outras adjetivações aviltantes. Um constante equilibrar de pratos, executar a coreografia com perfeição desde a abertura até o primeiro ato, sem ensaio, na estreia.*

Demoramos a receber *indulgência*, se e quando ela vem. Igualmente demoramos a nos perdoar, já que tratamos de um corpo coletivo, que representa "toda a raça".

Há vigente um regime de exceção em que negros e não negros são tratados de maneiras distintas, embora nossa Constituição Federal vede qualquer tipo de discriminação negativa, o que nos permite concluir, novamente, que a democracia, os direitos humanos e os direitos fundamentais não chegaram para todos.

Cabe a nós compreender se realmente estamos dispostos a romper com tal processo, para aí encontrar estratégias para superação dessas desigualdades. E não nos enganemos, não será fácil e indolor, pois como Bento nos sobreavisa, estamos a falar de marcas quase indeléveis que afetam a psique das pessoas, mas precisamos enfrentar tais questões de frente:

> *Esses diversos passos revelam a consciência sobre o racismo não como uma questão moral, mas sim como um processo psicológico que exige trabalho. Nesse sentido, em vez de fazer a clássica pergunta moral "Eu sou racista?" e esperar uma resposta confortável, o sujeito branco deveria se perguntar: "Como eu posso desmantelar meu próprio racismo?". Tal pergunta, então, por si só, já inicia esse processo.* (KILOMBA, 2019, p. 46)

Começar este percurso e para avançar neste processo, três palavras me parecem fundamentais: escuta, presença e ação. Uma escuta aberta e interessada para trocas de saberes é um passo decisivo. Jálisson Mendes, ativista social, pensador negro e facilitador da comunicação não violenta, sempre nos lembra "que a mente pensa, onde o corpo pisa".

O que nos leva a segunda questão, se colocar em situações, transitar em lugares, se abrir para espaços e pessoas com os quais você não está habituado faz parte da jornada.

E, finalmente, aja! Não conseguiremos modificar a estrutura racista secular sem a real mobilização para o desfazimento do sistema de opressões, então oportunize, contrate, fomente, financie, estabeleça conexões, ceda espaço, silencie se necessário, mas, especialmente, use sua voz para fazer ecoar onde ainda não estamos ou onde, mesmo estando, não seremos ouvidos com a mesma atenção ou deferência.

Neste sentido, temos as reflexões propostas pela brilhante autora Denise Ferreira da Silva: *"Eu não estou interessada no(s) significados – ou seja, nos por quês e porquês – do evento. Ao contrário, o que me interessa é a dissolução daquilo que sustenta toda e qualquer explicação de qualquer evento"*. (FERREIRA, 2019, p. 54)

Veja, pode ser que tenhamos chegado até esse ponto e seja de fato a primeira vez que você pensa sobre essas coisas. Ou ainda, você tem vontade de falar, mas não sabe por onde começar. Ou ainda, tem medo "de não ser o seu lugar de falar" – este último caso em especial sempre ouço em palestras que proferi e conversas sobre o racismo, pois bem, lembremos o que ensina Djamila Ribeiro, isto é, **todas pessoas têm lugar de fala**, busquemos por novas fontes, elas poderão ajudar a despertar novos olhares.

Ester Judite Rufino

CAPÍTULO 4

Resistência ou morte?

Diferentemente do grito que imperou no Ipiranga, para nós pretos brasileiros a independência não se apresentou até a presente data, não por submissão ou docilidade como tentaram propagar ideações coloniais, já que exemplos da resistência organizada e da contribuição da comunidade negra na construção do país são fartos.

Da língua, que tentam silenciar, à estética. Da religiosidade às comunidades tradicionais. Força e beleza da negritude, tentaram roubar a segunda e não permitiram que se prescindisse da primeira.

Como mencionei ao longo destas linhas, o Quilombo de Palmares é um dos exemplos sem número de resistência negra ao longo da construção do Brasil. O Quilombo que se instalou por quase 100 anos no atual Estado do Alagoas, sob o comando de Zumbi e Dandara dos Palmares, bem como de outros africanos escravizados de origem bantu, de acordo com o que ensina Kabengele Munanga, um dos maiores estudiosos e intelectuais responsáveis pelo resgate e letramento da memória diaspórica. Poderio negro organizado que decai apenas em 1694, resistindo a mais de 35 investidas luso-holandesas, somente após 2 longos anos de conflito com a expedição chefiada por Domingos Jorge Velho.

Símbolo da resistência ancestral, as terras de palmares e tantos outros territórios de comunidades quilombolas foram mais de 2000, de acordo com a catalogação do Centro de Cartografia Aplicada e Informação Geográfica (CIGA), da Universidade de Brasília. Embora na atualidade as comunidades tradicionais remanescentes desses territórios de luta, patrimônio sociopolítico brasileiro, estejam ameaçadas por interesses capturados pelos mandantes de plantão.

Não se pode falar de resistência negra no Brasil e não mencionar a transmissão de legado no campo da religiosidade, temos a presença do sagrado no candomblé, na umbanda e no próprio catolicismo, dado o nosso sincretismo religioso. Os dois primeiros acompanhados do processo de criminalização da fé.

Ainda nos dias atuais não são raras as notícias de templos e terreiros vilipendiados, vítimas de incursões criminosas que desrespeitam o livre exercício da liberdade de religião, previsto no artigo 5º, VI, da Constituição Federal de 1888. Constante disputa e tensão de direitos previstos há mais de 30 anos.

Tanto assim o é que no ano de 2018, em atuação histórica e vitoriosa, Dr. Hédio Silva Junior, advogado, sacerdote das religiões de matriz africana e grande intelectual negro, defendeu que "não há democracia sem liberdade de crença", ocasião em que fez sustentação histórica no Supremo Tribunal Federal (STF) pela constitucionalidade da Lei nº 12.131/2004-RS (Recurso Extraordinário nº. 494.601), que tratava do abate de animais para fins religiosos.

Falemos também das estéticas. O Brasil dos anos 90 estampava em suas telas, revistas, propagandas publicitárias, com mais frequência e exclusividade do que nos dias atuais, uma narrativa de ícones e personalidades que não se pareciam com pessoas negras deste país.

Estica, puxa, prende, alisa. Pentes quentes que remontam aos aparelhos coloniais de tortura.

Como consequência, muitas de nós, mulheres negras, e também homens negros, conhecemos a real textura de nossos cabelos após a vida adulta, algo realmente libertador – novamente sem julgamentos de ordem moral, não se trata da "ditadura" do crespo ou do cabelo natural, mas do reconhecimento de nossa beleza na multiplicidade e na versatilidade do que podemos ser.

PretEs que fazem "as pazes com o espelho" aprisionam narrativas de não lugar e pactuam um encontro com o autoamor, fato disruptivo e emancipador por si só, já que nos ensinam a nos odiar.

Estereótipos alicerçados em epistemológicas violações da humanidade.

Sojourner Truth, primeira mulher negra a ganhar um processo contra um homem branco, intelectual do etéreo, em pronunciamento de 29 de maio de 1851, na Convenção pelos Direitos das Mulheres, em Ohio, nos diz[10]:

> Bem, minha gente, quando existe tamanha algazarra é que alguma coisa deve estar fora da ordem.
>
> Penso que espremidos entre os negros do sul e as mulheres do norte, todos eles falando sobre direitos,

---

[10] "Em 29 de maio de 1851, Sojourner Truth (1797-1883), mulher negra feminista, abolicionista e defensora dos direitos das mulheres, proferiu um impactante discurso na Convenção pelos Direitos das Mulheres em Akron, Ohio, nos Estados Unidos.
No mês seguinte, em 21 de junho de 1851, o discurso foi transcrito e publicado no jornal Anti-Slavery Bugle por Marius Robinson, jornalista que estava na plateia e amigo de Truth. Juntos revisaram o texto.
Doze anos depois, em 23 de abril de 1863, outra versão do discurso aparece publicada em The New York Independent por Frances Gage. Gage faz alterações significativas à primeira versão, acrescentando marcas do sotaque do inglês falado pelos negros do sul dos Estados Unidos: "Ain't I a woman" –, sotaque esse que Sojourner Truth não tinha, pois ela não era do sul, mas de uma região que falava holandês.
O reflexo da versão de Gage sobre a biografia de Sojourner Truth é uma imagem estereotipada da fala de uma mulher negra. Leituras de "Ain't I a woman?" não raro provocam risos.
Já a versão original do Anti-Slavery Bugle traduz a figura de uma mulher de extrema inteligência e agudez intelectual, reconhecida por sua oratória, o que é coerente com seu papel de importante pregadora religiosa.
A versão "Aint' I a woman" é conhecida no mundo inteiro, tendo sido referenciada e traduzida no Brasil, onde costuma receber o título de "Eu não sou uma mulher?".
Muitas brasileiras e brasileiros conhecem "Ain't I a woman? / Eu não sou uma mulher?", mas poucos conhecem a versão original, em que a célebre frase do título sequer ocorre.
Quem chama atenção para a imprecisão histórica é a professora aposentada de História do Sul dos Estados Unidos, Nell Irvin Painter, da Universidade de Princeton".

os homens brancos, muito em breve, ficarão em apuros. Mas em torno de que é toda essa falação? Aquele homem ali diz que é preciso ajudar as mulheres a subir numa carruagem, é preciso carregar elas quando atravessam um lamaçal e elas devem ocupar sempre os melhores lugares. **Nunca ninguém me ajuda a subir numa carruagem, a passar por cima da lama ou me cede o melhor lugar! E não sou uma mulher? Olhem para mim! Olhem para meu braço! Eu capinei, eu plantei, juntei palha nos celeiros e homem nenhum conseguiu me superar! E não sou uma mulher?** Eu consegui trabalhar e comer tanto quanto um homem – quando tinha o que comer – e também aguentei as chicotadas! E não sou uma mulher? Pari cinco filhos e a maioria deles foi vendida como escravos. Quando manifestei minha dor de mãe, ninguém, a não ser Jesus, me ouviu! E não sou uma mulher? *E daí eles falam sobre aquela coisa que tem na cabeça, como é mesmo que chamam? (uma pessoa da plateia murmura: "intelecto"). É isto aí, meu bem. O que é que isto tem a ver com os direitos das mulheres ou os direitos dos negros? Se minha caneca não está cheia nem pela metade e se sua caneca está quase toda cheia, não seria mesquinho de sua parte não completar minha medida? Então aquele homenzinho vestido de preto diz que as mulheres não podem ter tantos direitos*

> quanto os homens porque Cristo não era mulher! Mas de onde é que vem seu Cristo? De onde foi que Cristo veio? De Deus e de uma mulher! O homem não teve nada a ver com Ele. **Se a primeira mulher que Deus criou foi suficientemente forte para, sozinha, virar o mundo de cabeça para baixo, então todas as mulheres, juntas, conseguirão mudar a situação e pôr novamente o mundo de cabeça para cima!** *E agora elas estão pedindo para fazer isto. É melhor que os homens não se metam. Obrigada por me ouvir e agora a velha Sojourner não tem muito mais coisas para dizer. (grifo meu)*

Não é incomum que, ao falar sobre mulheres negras, tenhamos presentes no discurso as palavras "fortes" e "guerreiras" como exemplos positivos da performance de feminilidade, porém o que esse discurso não revela é a reiteração desse lugar de ausência de cuidado, isto é, a negação da humanidade, já que se retrata a figura de uma "heroína".

> *A mulher negra teve um papel importante na produção econômica e na reprodução da vida, desde o seu sequestro da África. Cabe ressaltar que trabalhou nas plantações, na mineração, nas casas grande, nos bordéis, horas a fio até seu esgotamento absoluto. Amamentou o filho da mulher branca sem o direito de cuidar dos seus, cena recorrente atualmente. A mercantilização de seus corpos, como expressão viva do racismo patriarcal, a vivência do estupro, do aborto, do adoecimento psíquico, do abandono, da separação*

involuntária de filhos, parentes, o desafeto em razão da escravização são marcas de um passado longínquo, cujas consequências estão vivas até hoje. (M. ALMEIDA, 2017)

A mulher que dá conta de tudo, resolve todos os problemas sozinha, não precisa do apoio de ninguém. Deveras, aí entramos em um novo desdobramento dessa questão: a solidão da mulher negra, precisamente conceituada por Carrera e Carvalho (2020)[11]:

> *O conceito de solidão da mulher negra é um desdobramento identificado na sociedade brasileira atual como resultado de um conjunto de elementos socialmente estruturados remanescentes do racismo moderno.* **De acordo com Elias (1985), o conceito de solidão, em diversas situações, está relacionado não apenas a pessoas isoladas socialmente, mas também à vivência de pessoas que não possuem significado afetivo em meio a outras que estão ao seu redor.** *Desde as décadas mais recentes do século XX,* a **miscigenação na sociedade brasileira tem sido desenvolvida como um projeto eugenista de embranquecimento populacional, impondo culturalmente aos negros e indígenas a insígnia dos indivíduos "primitivos a serem civilizados"** *(GROSFOGUEL, 2016, p. 39)* **e construindo para a branquitude a ideia de superioridade moral e intelectual, assim como de civilidade e progresso** *(SHUCMAN, 2014, p. 91). Sendo assim,*

---

[11] https://www.scielo.br/j/gal/a/cZmnDhD7RmntbyXJ8Tcwq6y/?lang=pt&format=pdf

> *a preferência dos homens negros por parceiras não negras no campo afetivo-sexual (AZEVEDO, 1955)* **se manifesta dentro dessa estrutura racial, que coloca a mulher branca, sobretudo, como "avalista" (CARNEIRO, 1995, p. 75), isto é, uma fiadora da existência do homem negro nos espaços sociais.** *Escolhê-la romanticamente, portanto, é um dos modos de sobrevivência do homem negro em busca de ascensão social, poder e menos experiências de opressão. (grifo meu)*

Mães solo e chefes de família.

"Quentes e exóticas, mas que não servem para casar". "Barraqueiras e rudes". "Incansáveis e insaciáveis". São alguns dos estereótipos que pairam sobre mulheres negras, muitas de nós exclusivas responsáveis por famílias inteiras. Problemática que desemboca em outras searas da vida, como a afetação da saúde mental e física, como é o caso da violência doméstica, que atinge majoritariamente mulheres negras, e da violência obstétrica, que são os maus tratos aos quais as mulheres são submetidas quando do seu parto.

> *Tratamento diferencial com base em atributos considerados positivos (casada, com gravidez planejada, adulta, branca, mais escolarizada, de classe média, saudável etc.), depreciando as que têm atributos considerados negativos (pobre, não escolarizada, mais jovem, negra) e as que questionam ordens médicas. (DINIZ et al., 2015, p. 3)*

São séculos de dor e subcidadania. Tornar-se "ativista" ou "militante" muitas vezes não é uma opção. Pessoas não negras estão cansadas de serem constrangidas, a comunidade negra também está exausta de repetir as mesmas coisas, sem alcançar efetivas mudanças, com respostas vazias como a "pecha" vitimista. Entenda, se te incomoda falar sobre racismo de modo reiterado, imagine o que significa vivê-lo todos os dias.

Uma mentalidade formada por conceitos de competição e meritocracia talvez não consiga compreender a dimensão do sentimento de dororidade presente entre mulheres pretas, as quais, como eu, certamente tiveram dificuldade de pensar sonhos que não fossem coletivos.

Dororidade, conceito cunhado por pela grande Vilma Piedade, autora negra, intelectual feminista, que nos dá grandes contribuições acerca do feminismo negro, nos ensina:

> *O caminho que percorro nessa construção conceitual me leva a entender que um conceito parece precisar do outro. Um contém o outro.* **Assim como o barulho contém o silêncio. Dororidade, pois, contém as sombras, o vazio, a ausência, a fala silenciada, a dor causada pelo Racismo. E essa Dor é Preta.**

(...)

Quando eu argumentei que Dororidade carrega, no seu significado, a Dor provocada em todas as Mulheres pelo Machismo, destaquei que quando se trata de Nós, Mulheres Pretas, tem um agravo nessa Dor, agravo provocado pelo Racismo. *Racismo que vem da criação Branca para manutenção de Poder... E o Machismo é Racista. Aí entra a Raça. E entra Gênero. Entra classe.* **Sai**

> a sororidade e entra Dororidade. *(grifo meu)*
> (PIEDADE, 2017, p. 16; 46)

Conclui-se uma necrófila equação: tal qual a violência obstétrica está para mulheres negras, a violência policial está para homens negros.

Vejamos:

> Carta convocatória para o ato público contra o racismo:
>
> *Nós, Entidades Negras, reunidas no Centro de Cultura e Arte Negra no dia 18 de Junho, resolvemos criar um Movimento no sentido de defender a Comunidade Afro-Brasileira contra a secular exploração racial e desrespeito humano a que a Comunidade é submetida.*
>
> *Não podemos mais calar.* **A discriminação racial é um fato marcante na sociedade brasileira, que barra o desenvolvimento da Comunidade Afro-Brasileira, destrói a alma do homem negro e sua capacidade de realização como ser humano.**
>
> *O Movimento Unificado Contra a Discriminação Racial foi criado para que os direitos dos homens negros sejam respeitados. Como primeira atividade, este Movimento realizará um Ato Público contra o Racismo, no dia 07 de Julho às 18:30 horas, no Viaduto do Chá. Seu objetivo será protestar contra os últimos acontecimentos discriminatórios contra negros, amplamente divulgados pela Imprensa.*
>
> *No dia 28 de Abril, numa delegacia de Guaianazes,* **mais um negro foi morto por causa**

das torturas policiais. Este negro era Robson Silveira da Luz, trabalhador, casado e pai de filhos. No Clube de Regatas Tietê, quatro garotos foram barrados do time infantil de voleibol pelo fato de serem negros. O diretor do Clube deu entrevistas nas quais afirma as suas atitudes racistas, tal a confiança de que não será punido por seu ato.

Nós também sabemos que os processos desses casos não darão em nada. Como todos os outros casos de discriminação racial, serão apenas mais dois processos abafados e arquivados pelas autoridades deste país, embora um dos casos tenha a agravante da tortura e consequente morte de um cidadão.

Mas o Ato Público Contra o Racismo marcará fundo nosso repúdio e convidamos a todos os setores democráticos que lutam contra o desrespeito e as injustiças aos direitos humanos, a engrossarem fileiras com a Comunidade Afro-Brasileira nesse ato contra o racismo.

Fazemos um convite especial a todas as entidades negras do país, a ampliarem nosso movimento. As entidades negras devem desempenhar o seu papel histórico em defesa da Comunidade Afro-Brasileira; e, lembramos, quem silencia consente.

Não podemos mais aceitar as condições em que vive o homem negro, sendo discriminado da vida social do país, vivendo no desemprego, subemprego e nas favelas. Não podemos mais consentir que o negro sofra as perseguições constantes da polícia, sem dar uma resposta.

TODOS AO ATO PÚBLICO CONTRA O RACISMO
CONTRA A DISCRIMINAÇÃO RACIAL
CONTRA A OPRESSÃO POLICIAL
PELO FORTALECIMENTO E UNIÃO DAS ENTIDADES AFRO-BRASILEIRAS (grifos meus).

Poderia ser hoje, mas passa de 40 anos e segue atual. Este documento é a carta de convocação para o ato público que originaria o MNU em 1978, do qual falamos no primeiro capítulo. É atemorizador e só demonstra a eficácia do racismo como sistema de manutenção de poder, visto que passado quase meio século, os pleitos seguem os mesmos.

Vítimas constantes do racismo institucional das forças de segurança. Abordagens policiais "justificadas" pela "atitude suspeita", ou por ser uma pessoa "diferenciada" do perfil que costuma transitar naquele bairro. Perseguições em lojas e outros estabelecimentos comerciais, ou ainda, quando em casa, alvos de mandados coletivos de busca e apreensão ilegais que atravessam os territórios à margem – ações que resultam muitas vezes em mortes.

Chegamos ao Genocídio da população negra.

Tema citado no introito, ao qual agregamos agora alguns elementos teóricos, já que estamos aqui a tratar da temática de vidas negras no Brasil, não posso me furtar de trazer outros contornos – vamos nós de *pretuguês* e *juridiquês* mais uma vez.

No plano internacional, na III Sessão da Assembleia Geral das Nações Unidas em Paris que ocorreu no ano de 1948, foi elaborada a Convenção para a Prevenção e a Repressão do Crime de Genocídio, que conceitua tal prática, após os crimes ocorrido na Alemanha Nazista, em seu Artigo II, nos seguintes termos:

Na presente Convenção, entende-se por genocídio qualquer dos seguintes atos, cometidos com a intenção de destruir, no todo ou em parte, um grupo nacional, étnico, racial ou religioso, tal como: (a)assassinato de membros do grupo; (b) dano grave à integridade física ou mental de membros do grupo; (c) submissão intencional do grupo a condições de existência que lhe ocasionem a destruição física total ou parcial; (d) medidas destinadas a impedir os nascimentos no seio do grupo; (e) transferência forçada de menores do grupo para outro grupo (CONVENÇÃO PARA A PREVENÇÃO E A REPRESSÃO DO CRIME DE GENOCÍDIO, 1948).

Referida Convenção foi incorporada ao direito intestino quatro anos depois, em 1952, por meio do Decreto Executivo de nº 30.822, no governo de Getúlio Vargas. No ano de 1956, o Presidente Juscelino Kubitschek sanciona a Lei nº 2.889, a qual define e pune o crime de genocídio.

O autor Abdias do Nascimento foi um grande ativista dos direitos civis e humanos para a comunidade negra, em sua obra de 1978, intitulada *O Genocídio do Negro Brasileiro: processo de um racismo mascarado*, traz logo em suas primeiras páginas duas definições do que seria o genocídio, a primeira extraída do *Webster's Third New International Dictionary of The Language, Massachussetts*, 1967, que assim diz:

GENOCÍDIO – geno-cídio. O uso de medidas deliberadas sistemáticas (como morte, injúria corporal e mental, impossíveis condições de vida, prevenção de nascimentos), calculadas para a

> exterminação de um grupo racial, político ou cultural, ou para destruir a língua, a religião ou a cultura de um grupo. (ABDIAS, 1977)

Salve, Abdias!

Ainda, segundo a passagem extraída do Dicionário Escolar do Professor, organizado por Francisco da Silveira Bueno, Ministério da Educação e Cultura, Brasília, em 1963:

> GENOCÍDIO – geno-cídio
> Genocídio s.m. (neol.) Recusa do direito da existência a grupos humanos inteiros pela exterminação de seus indivíduos, desintegração de suas instituições políticas, sociais, culturais, linguísticas e de seus sentimentos nacionais e religiosos. Ex.: perseguição hitlerista aos judeus, segregação racial, etc. (ABDIAS, 1977).

Embora a seara do grande intelectual Abdias não fosse jurídico-doutrinária, as definições apontadas por ele em seu livro muito se aproximam do que foi incorporado em letra de lei em esfera nacional, como se verifica na Lei nº 2.889/1956 (Lei do Genocídio), bem como nos artigos 208 – se praticado em tempos de paz, e 401 e 402 – se praticados em tempo de guerra, do Código Penal Militar, Decreto-Lei nº 1.001/1969, decreto pelos Ministros da Marinha de Guerra, do Exército e da Aeronáutica Militar.

O Judiciário Brasileiro se pronunciou pela primeira vez sobre essa temática, no caso que ficou conhecido como "Massacre Haximu", em que 12 indígenas YANOMAMI foram brutalmente dizimados, entre eles anciãos, mulheres, crianças e um bebê que foi morto com um facão. Ao menos 22 garimpeiros, que exerciam essa atividade de maneira ilegal, se envolveram com a prática desse delito. O crime ocorreu no ano de 1993 na Amazônia venezuelana. Interessante notar que, no ano anterior, o então presidente Fernando Collor de Mello homologou, em 25 de maio, a Terra Indígena Yanomami, buscando findar décadas de contato que ocasionaram a morte da população por invasões garimpeiras e epidemias – nos parece que sem sucesso.

Após anos de discussão judicial, em 2006, o caso do "Massacre Haximu" foi apreciado pelo Supremo Tribunal Federal no Recurso Extraordinário nº. 351487 que, por unanimidade, negou provimento ao recurso, isto é, decidindo a Corte pela manutenção da condenação de quatro garimpeiros condenados pela Justiça Federal, entendendo ter essa a competência para o julgamento de tal crime.

O voto do relator Ministro Cezar Peluso foi no sentido de que neste tipo o bem jurídico tutelado não é a vida unicamente, caso em que seria competente o Tribunal do Júri, mas a diversidade da coletividade humana, bem jurídico supraindividual, podendo inclusive a vida não ser atingida diretamente. Nessa oportunidade, faz ele também um retrospecto histórico da gênese do conceito de genocídio lembrando que a terminologia atual nascera da obra de Raphael Lemkin[12], *Axis Rule is Occupied Europe*, de 1944, e que depois foi incorporada formalmente à ordem jurídica, em 1948, com a adoção pela Organização das Nações Unidas da Convenção para a Prevenção do Genocídio. Em seus votos, parte dos ministros membros da Corte não se manifesta de maneira conclusiva acerca da autonomia ou não do crime de genocídio frente ao crime de homicídio.

---

[12] Jurista polonês, de origem judaica, responsável pela criação do termo Genocídio.

Então se nota que alguns pontos fulcrais para aplicação da medida legal não foram abordados pela Corte Superior, o que é problemático, pois dificulta também a identificação desse tipo no que diz respeito à população preta, uma vez que os crimes cometidos diuturnamente contra a comunidade – quando e se investigados – são compreendidos, em sua maioria, como casos isolados de homicídio, os quais dizem respeito à vida de uma única pessoa e não ao extermínio em massa de uma população "indesejável", o que impede, portanto, o reconhecimento do genocídio negro Brasil.

> (...) derrota, diluição e enfraquecimento da Constituição/lei escrita – a Carta de 1988. Essas pressões e vozes, que movimentaram o sistema de justiça (espaço de poder e de disputas de poder entre vozes desiguais) convergiram para que o que é (o que tem sido, o que foi) – negra(o)s serem sistematicamente assassinada(o)s – e em não sendo percebido como ilegal e crime cuja motivação é o racismo que a Constituição/lei real abriga.
>
> (...)
>
> O Caso Sandro, a morte da Professora Geisa e outros tantos casos (assassinatos mais recentes) cujos protagonizadores foram agentes da lei e as vítimas pessoas negras, mencionados en passant, nos quais houve violência policial motivada por racismo, chamam atenção para – no mínimo – **duas importantes propriedades do racismo à brasileira que, segundo a nossa opinião, desde sempre fazem parte da Constituição real da**

> sociedade brasileira e cujas origens remontam à instauração do regime republicano e à constitucionalização da igualdade formal de direitos. *A primeira propriedade é que desde que foram instituídas garantias fundamentais, elas sempre foram inefetivas para a contenção, fiscalização e apuração/julgamento/punição dos eventuais – muito constantes – excessos de emprego da força (letal e não letal) por parte dos agentes da lei. A segunda é que essa inefetividade, prova o histórico Caso Sandro, sofre fortalecimento exponencial quando a vítima é pessoa negra – homem negro, mulher negra, morador(a)s de favelas ou em situação de rua.* Essas duas inefetividades também estão entre os elementos que, desde a instauração da república, fazem parte da Constituição real do Brasil cuja missão histórica tem sido rivalizar – desafiar – a Constituição/ lei escrita, em especial a nossa atual Carta Cidadã *(BARBOSA, 2019). (grifo meu)*

A legislação brasileira não dispõe sobre a pena de morte em tempos de paz, porém o Brasil parece viver uma guerra não declarada a uma parcela da população. Dados de matéria do jornal *El País* corroboram essa assertiva ao reportar que desde o início do conflito sírio, em março de 2011, morreram 330 mil pessoas. A guerra do Iraque totaliza mais de 260 mil mortes desde 2003. Já o Brasil, entre 2001 e 2015, protagonizou 786.870 homicídios, sendo 70% contra jovens negros por meio de arma de fogo (El País, 2017).

O racismo estrutural gera um cenário de normalidade frente à cessação de vidas negras.

Outro mecanismo, que serviu para o alargamento da política de morte contra negros no Brasil, foram os Autos de Resistência, criados durante a Ditadura Militar, que durou de 1964 a 1985, no antigo Estado da Guanabara e, posteriormente, replicados em outros Estados. Referidos Autos serviam para justificar o assassinato de considerados opositores do Regime Militar. Então cabe questionar qual a legitimidade para que tal previsão legal ainda vigore, se no Brasil – formalmente – vige um sistema democrático?

Ouso dizer que a resposta parece estar ligada a necessidade de avaliar comportamentos e políticas que resultam em mortes e ao arremedo de democracia que rege as relações que circunscrevem aos não brancos – não se cogite, porém, que renego a Democracia, questiono talvez o *Modus Operandi*, tão conhecido e que desperta arrepios.

Senão vejamos, tal qual no Movimento Abolicionista de Rebouças e Patrocínio, os Movimentos Negros brasileiros participaram do processo da constituinte fazendo a luta por Direitos, mas no que tange a efetividade para alguns grupos, conceituados minoritários politicamente, não se materializa. Fosse o contrário, a fome, a morte, as violências, o cárcere e a precariedade no acesso a Direitos Fundamentais não teriam cor, CEP, gênero, sobrenome Silva, prenome Zé ou Maria.

Assim, não é incomum que se justifique a morte sem a necessidade de investigação, somada a narrativa da suposta ligação do que fora morto com atividades ilícitas, sendo, por muitas vezes, suficiente para "elucidar" o caso em um Sistema de Justiça que carece de articulação, de recursos humanos e técnicos, que padece da má comunicação entre seus atores sejam eles policiais, delegados, investigadores, peritos, membros do Ministério Público e Magistrados. Questões estruturais e institucionais de uma estrutura que tem se mostrado morosa e ineficaz quando o assunto é proteger e resguardar direitos e vidas negras e indígenas.

Neste mesmo sentido, pontua Agamben, ressaltando que o totalitarismo moderno pode ser definido com a instauração, por meio do estado de exceção – enquanto vazio de direito –, de uma guerra civil legal que permite a eliminação física não somente dos adversários políticos, mas também de categorias inteiras de cidadãos que, por qualquer razão, pareçam não integráveis ao sistema político (AGAMBEN, 2004).

Caro leitor, compartilhados alguns feixes da barbárie a que estamos acometidos, para além da realidade fática de ausências e de dores, eu, podendo imprimir e conduzir aqui a narrativa, escolho *escurecer* reiterando novamente trajetórias de resistência e conquistas pretas.

Inserem-se, então, neste contexto o Relatório da Comissão Parlamentar de Inquérito (CPI) do Senado Brasileiro Sobre Mortes Violentas e a Denúncia do Fórum Permanente pela Igualdade Racial (FOPIR) sobre o Genocídio da Juventude Negra no Brasil.

O primeiro surge a partir do Requerimento de nº 115 de 2015, com a finalidade de investigar, no prazo de 180 dias, as mortes de jovens no Brasil, com relatoria do senador Lindbergh Farias e tendo como presidenta a senadora Lídice da Mata. Em 8 de junho de 2016, o documento é aprovado reconhecendo que há no Brasil o Genocídio da Juventude Negra, o que é um considerável avanço. Contudo, o próprio documento indica que não se terá impacto real na reversão dessa política de extermínio sem a devida implementação do tripé de projetos estratégicos, quais sejam: fim dos autos de resistência; plano nacional de enfrentamento do homicídio de jovens; e projeto de transparência de dados sobre a violência no Brasil.

Já o FOPIR, que surge também no ano de 2016, mais precisamente no mês de novembro, objetiva o desenvolvimento de estratégias e articulação potentes a ponto de contribuir com o enfrentamento do racismo, bem como delinear a promoção de políticas públicas visando a igualdade racial e de gênero, buscando dialogar com atores estratégicos na construção de uma sociedade verdadeiramente equitativa.

O referido Fórum apresentou denúncia, formalizada em 22 de agosto de 2017, contra o Estado Brasileiro em quatro relatorias do Conselho de Direitos Humanos da Organização das Nações Unidas (ONU) em razão das mortes de jovens negros. Observa-se que o FOPIR acredita na visibilidade internacional como instrumento de reconhecimento e eliminação desse crime que acomete a comunidade negra no país, estratégia semelhante a que resultou no fim do processo de segregação da África do Sul.

Vamos caminhando para o fim desse *jongo*, mas quero tratar antes do arremate sobre o bem-viver, acompanhado de algumas doses reflexivas sobre as estratégias que temos adotado para reversão da ordem de exclusão racial.

Assim, diante das inquietações fáticas e subjetivas até aqui refletidas, as quais se quer compartilhar em busca de respostas coletivas, que deem conta da complexidade dessas estruturas engendradas a sangue e suor afro-indígena, mais perguntas são mais necessárias:

Estamos formando novas lideranças ou apenas instrumentalizando uma luta em nome de interesses particulares?

As discordâncias metodológicas e ideológicas são maiores do que os objetivos que nos unem?

Pessoas independentes e não organizadas em movimentos não deveriam ser respeitadas e fomentadas?

A quem interessa o solilóquio para "convertidos" isentando aliados não negros?

Mesmo diante das tentativas internas e externas de invalidação, seguimos.

Não percamos de vista a torrente ancestral, se trata de emancipação coletiva e não da reprodução de opressões em outros moldes e escalas. Se trata da conquista do bem-viver como possibilidade emergencial e não como uma utopia pretérita.

Ser feliz é ato político! Que a busca por liberdade não nos limite as possibilidades de vida e existência em toda sua multiplicidade.

Vidas negras importam
Vidas negras importam
Vidas negras importam

Vidas negras importam
Vidas negras suportam
Vidas negras é ópio
Vigiadas por telescópio
Vidas negras de fúria
Vidas negras de injúria
Vidas negras da pura
Exclusão é óbito, é lógico

Vidas negras sem teto
Vidas negras sem piso
Vida negra objeto
Que ainda abre um sorriso
Vida negra é sútil
Que nem granada e fuzil
Homem negro morre no feto
Vida negra é um barril

TORRENTE ANCESTRAL, VIDAS NEGRAS IMPORTAM?

Vidas negras importam
Vidas negras importam
Vidas negras importam
Vidas negras importam

Vidas negras em jogo
Vida negra é coringa
É o ar a terra e o fogo
É o mar em uma seringa
Vida negra sou eu
É você o outro morreu
Tanto negro é pouco
O pouco junta fudeu

Vidas negras são facas
Vidas negras são macas
Vivendo entre as aspas
Vidas negras feridas
Negro ainda vive de raspas
Saúde negra é fraca
Vidas negras são fortes
A gente cria uma capa

Vidas negras importam
Vidas negras importam
Vidas negras importam
Vidas negras importam

Vidas negras de milhões
Niveladas mal e por baixo
Vidas negras sem cifrões
Os valores vem no escracho
Vidas negras doentes

Vidas negras sem mente
Vidas negras escravas
Mão de obra farta e carente

Vida negra é ação
Vida negra é verdade
Vida negra não mente
Real e sinceridade
Vida negra de um povo
Vivendo dentro de um ovo
Vida negra sorrindo
"Memo" sem emprego de novo

Vidas negras superam
Vidas negras esperam
Vidas negras que eram
Sofridas e ainda são
Vidas negras quiseram
Vidas negras vieram
Vidas negras disseram
O que hoje diz o refrão!

Vidas negras importam
Vidas negras importam
Vidas negras importam
Vidas negras importam
(Edi Rock)

! – importam!

Está feito. Meu giro inaugural na ciranda das subversões de *"escrevivências"* pretas.

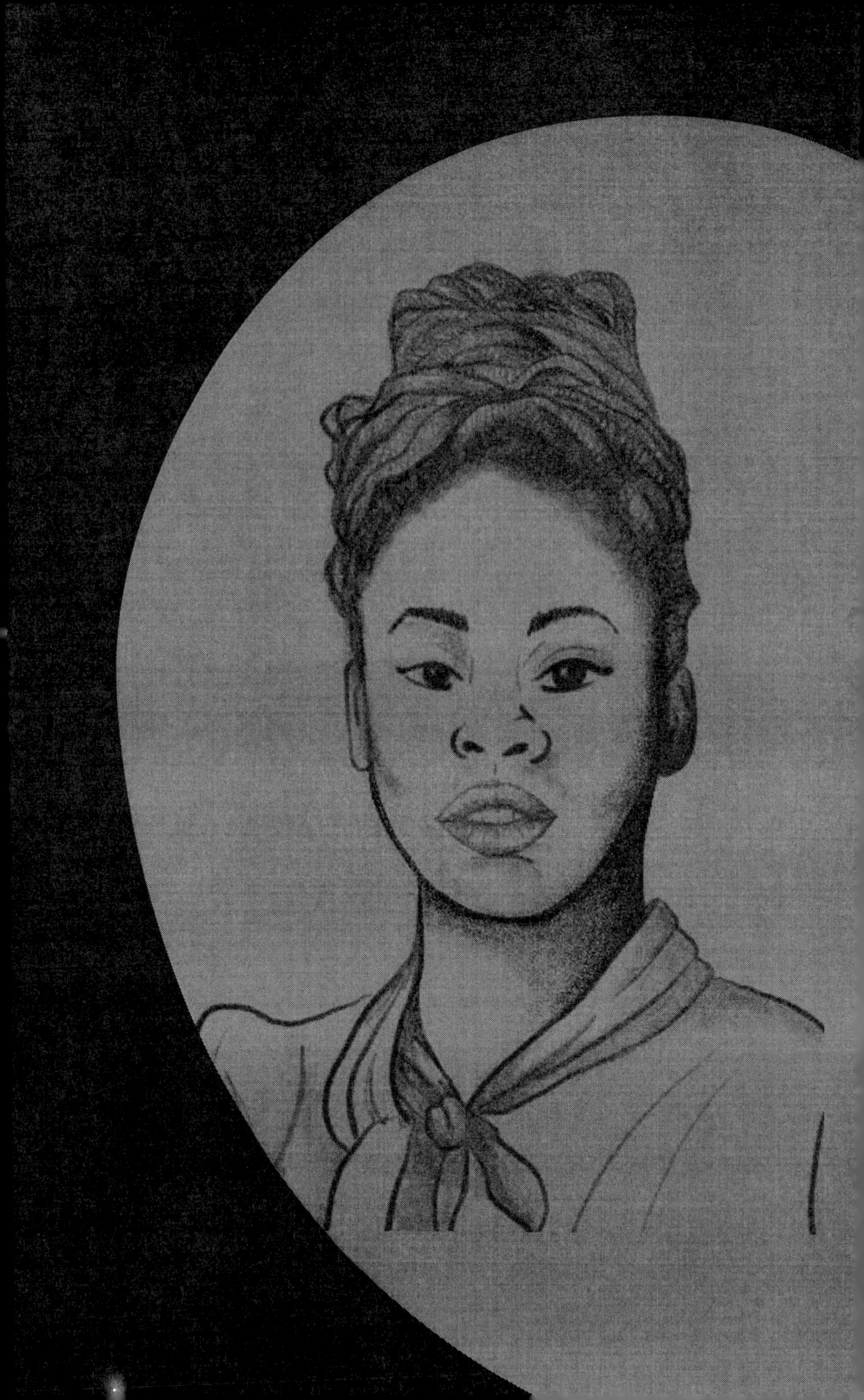

Referências

[SYN]THESIS, Constituição Legal (Escrita) X Constituição Real (Não Escrita): Introdução ao Estudo da Legalização do Ilegal Motivado pelo Racismo. **Cadernos do Centro de Ciências Sociais da Universidade do Estado do Rio de Janeiro,** Rio de Janeiro, v. 12, n. 1, p. 17-25, jan./jun. 2019.

ADICHIE, Chimamanda Ngozi. **O perigo de uma história única**. São Paulo: Companhia das Letras, 2019.

AGAMBEN, Giorgio. **O Estado de Exceção.** São Paulo: Boitempo, 2004.

ALENCASTRO, Luiz Felipe. **O trato dos viventes:** formação do Brasil no Atlântico Sul. São Paulo: Companhia das Letras, 2000.

Algoritmos racistas: a hiper-ritualização da solidão da mulher negra em bancos de imagens digitais. Disponível em: https://www.scielo.br/j/gal/a/cZmnDhD7RmntbyXJ-8Tcwq6y/?lang=pt&format=pdf. Acesso em 22 jan. 2021.

ALMEIDA, Magali. Da África para o Brasil: A força das mulheres negras. Disponível em: https://cress-mg.org.br/2017/03/08/da-africa-para-o-brasil-a-forca-das-mulheres-negras/. Acesso em 25. nov. 2020.

ALMEIDA, Silvio Luiz de. **O que é racismo estrutural?** Belo Horizonte (MG): Letramento, 2018.

ALVES, D. (2017). Rés negras, juízes brancos: uma análise da interseccionalidade de gênero, raça e classe na produção da punição em uma prisão paulistana. **Revista CS**, 21, pp. 97-120. Cali, Colombia: Facultad de Derecho y Ciencias Sociales, Universidad Icesi.

ALEXANDER, Michelle. **A nova segregação:** racismo e encarceramento em massa. São Paulo: Boitempo, 2018.

A Questão Habitacional no Brasil. Disponível em: https://www.scielo.br/scielo.php?script=sci_arttext&pid=S1984-22012017000100214. Acesso em 24 maio 2021.

BACZKO, Bronislaw. Imaginação Social. In: **Enciclopédia Einaudi**. V. 5 – Anthropos – homem. Lisboa: Imprensa Oficial, 1985.

BENTO, Maria Aparecida Silva; CARONE, Iray. **Pactos narcísicos no racismo:** branquitude e poder nas organizações empresariais e no poder público. 2002. Universidade de São Paulo, São Paulo, 2002.

BORGES, Juliana. **Encarceramento em massa.** São Paulo: Sueli Carneiro; Pólen, 2019.

BRASIL. Constituição da República Federativa do Brasil de 1988. DF: Senado Federal, 1988. Disponível em <http://www.planalto.gov.br/ccivil_03/constituicao/constituicaocompilado.htm>. Acesso em 30 nov. 2020.

_____.http://fopir.org.br/wp-content/uploads/2017/11/Documento-FOPIR-sobre-o-Genocidio.pdf. Acesso em 01 dez. 2020.

_____. Ministério da Justiça. http://www.justica.gov.br/noticias/ha-726-712-pessoas-presas-nobrasil/relatorio_2015_dezembro.pdf . Acesso em 05 dez. 2020.

_____. Ministério da Justiça. http://juventude.gov.br/articles/0009/8355/Indice_vulnerabilidade_WEB_Escura.pdf. Acesso em 02 dez. 2020.

_____. Senado Federal. https://www12.senado.leg.br/noticias/arquivos/2016/06/08/veja-a-integra-do-relatorioda-cpi-do-assassinato-de-jovens . Acesso em 02 dez. 2020.

_____. Supremo Tribunal Federal. http://redir.stf.jus.br/paginadorpub/paginador.jsp?docTP=AC&docID=390746. Acesso em 29 nov. 2020.

_____. http://www.ipea.gov.br/portal/images/170602_atlas_da_violencia_2017.pdf. Acesso em 01 dez. 2020.

CASTELO BRANCO, G. Michel Foucault: os direitos do homem. In: AGUIAR, O. A. PINHEIRO, C. M. FRANKLIN, K. (Orgs.). **Filosofia e direitos humanos.** Fortaleza: Editora da UFC, 2006.

CARDOSO, Claudia Pons. Amefricanizando o feminismo: pensamento de Lélia Gonzalez. **Revista de Estudos Feministas**, Florianópolis, v. 22, n. 3, 965-986, setembro-dezembro/2014.

CARNEIRO, Sueli. **Racismo, sexismo e desigualdade no Brasil.** São Paulo: Selo negro, 2011, p. 15.

CASTORIADIS, Cornelius. **A instituição imaginária da sociedade.** Rio de Janeiro: Paz e Terra, 2010.

CRENSHAW, Kimberlé. Documento para o encontro de especialistas em aspectos da discriminação racial relativos ao gênero. **Revista Estudos Feministas**, v. 10, n. 1, p. 175, 2002. Disponível em: https://periodicos.ufsc.br/index.php/ref/article/view/S0104-026X2002000100011/0 . Acesso em: 21 maio 2021.

Déficit Habitacional no Brasil. Fundação João Pinheiro. Disponível em: http://www.cbicdados.com.br/menu/deficit-habitacional/deficit-habitacional-no-brasil. Acesso em 20 maio 2021.

Dicionário Michaelis On-line. Disponível em: https://michaelis.uol.com.br/busca?r=0&f=0&t=0&palavra=lugar. Acesso em 27 maio 2021.

El País. A violência no Brasil mata mais que a Guerra na Síria. Rio de Janeiro, 2017. Disponível em: https://brasil.

elpais.com/brasil/2017/12/11/politica/1513002815_459310.html. Acesso em 28 nov. 2020.

GAGO, Verónica. **A potência feminista:** ou o desejo de mudar tudo. Trad. Igor Peres. São Paulo: Elefante, 2020.

GARCIA, Marinalda. Os arcanos da cidadania: A Imprensa Negra paulistana nos primórdios do século XX. Dissertação (Mestrado em História) – Faculdade de Filosofia, Letras e Ciências Humanas, Universidade de São Paulo. São Paulo, 1997.

GONZALEZ, Lélia. "A categoria político-cultural de amefricanidade". **Tempo Brasileiro.** Rio de Janeiro, n. 92/93 (jan./jun.). 1988a.

_____. "Por um feminismo afrolatinoamericano". **Revista Isis Internacional,** Santiago, v. 9, 1988b.

_____. "A importância da organização da mulher negra no processo de transformação social". **Raça e Classe**, Brasília, ano 2, n. 5, p. 2, nov./dez. 1988c.

_____. HALSENBALG, Carlos. **Lugar de negro** (Coleção 2 pontos). Rio de Janeiro: Editora Marco Zero, 1982.

_____. "Mulher negra". In: NASCIMENTO, Elisa Larkin (Org.). **Guerreiras de natureza:** mulher negra, religiosidade e ambiente. São Paulo: Selo Negro, 2008.

_____. "Nanny". Humanidades, Brasília, v. 17, ano IV, p. 23-25, 1988c.

_____. **Primavera para as rosas negras.** Diáspora Africana: Editora Filhos da África, 2018.

_____. "Racismo e sexismo na cultura brasileira". In: SILVA, L. A. et al. Movimentos sociais urbanos, minorias e outros estudos. **Ciências Sociais Hoje**, Brasília, ANPOCS n. 2, 1983.

HOOKS, Bell. (1989). **Talking Back:** thinking feminist, talking black. Boston: South End Press.

INSTITUTO BRASILEIRO DE GEOGRAFIA E ESTATÍSTICA (IBGE). Censo Brasileiro de 2010. Rio de Janeiro: IBGE, 2012.

KILOMBA, Grada. **Memórias da Plantação:** episódios de racismo cotidiano. Rio de Janeiro: Cobogó, 2019.

LACERDA, João Baptista de. **Congresso Universal das Raças.** Rio de Janeiro: s.n. 1912.

LOMBROSO, Cesare. 1885-1909 **O homem delinquente.** Tradução Sebastião José Roque. São Paulo: Ícone, 2016.

MAPA DA DESIGUALDADE 2020. Disponível em: https://www.nossasaopaulo.org.br/wp-content/uploads/2020/10/Mapa-da-Desigualdade-2020-MAPAS-site-1.pdf. Acesso em 2 fev. 2021.

MARTINS, José de Souza. **O cativeiro da terra.** São Paulo: Editora Contexto, 2010.

MBEMBE, Achille. **CRÍTICA DA RAZÃO NEGRA.** Ed. Antígona, Lisboa, 2017.

MENEZES Jaci e Mello, Alba Maria Guedes – Anais do Seminário de Experiências Inovadoras. Coleção Memória da Educação na Bahia, volume 02. Salvador, EDUNEB.

_____. e Maria Ferraz de. "Educação e trajetórias de negros na Bahia: inclusão, exclusão e resistência". In: AMORIM, Lima Jr e Menezes, **Educação e Contemporaneidade:** processos e metamorfoses. Rio de Janeiro: Quartet, 2009.

_____. e Maria Ferraz de. "Igualdad,y libertad, pluralismo y ciudadania: El acceso a La educación de negros y mestizos em Bahia", tese defendida na Universidade Católica de Córdoba, Argentina, como bolsista da OEA, em 1997.

MUNANGA, Kabengele. e GOMES, Nilma Lino (orgs). **O negro no Brasil de hoje.** São Paulo: Global, 2006. (Coleção para entender)

_____. **Origens africanas do Brasil contemporâneo:** histórias, línguas, culturas e civilizações. São Paulo: Global, 2009.

NASCIMENTO, Abdias do. **O Genocídio do Negro Brasileiro.** Rio de Janeiro: Editora Paz e Terra, 1978.

NEGROS NA POLÍTICA: ESTUDO SOBRE REPRESENTAÇÃO EM CARGOS LEGISLATIVOS E EXECUTIVOS NO BRASIL. Disponível em: http://www4.unifsa.com.br/revista/index.php/fsa/article/view/2200/491492623. Acesso em 31 jan. 2021.

ORGANIZAÇÃO DAS NAÇÕES UNIDAS. Declaração Universal dos Direitos Humanos, 1948.

ORTEGAL, Leonardo. Relações raciais no Brasil: colonialidade, dependência e diáspora. **Serv. Soc. Soc.** São Paulo, n. 133, p. 413-431, dez. 2018, p. 417.

PIEDADE, Vilma. **Dororidade.** São Paulo: Nós, 2017.

PIRES, Thula. Criminalização do Racismo: entre política de reconhecimento e meio de legitimação do controle social dos não reconhecidos. Dissertação de Mestrado, Rio de Janeiro: PUC-RJ, 2013.

RIBEIRO, Djamila. **O que é lugar de fala?** Belo Horizonte: Letramento, 2017.

REIS, Vilma. Atucaiados pelo Estado: as políticas de segurança pública implementadas nos bairros populares de Salvador e suas representações de 1991 a 2001. Dissertação de Mestrado: UFBA, 2005.

SANTOS, S. Boaventura. **Pela Mão de Alice.** São Paulo: Cortez Editora, 1995.

SARLET, Ingo Wolfgang. **A eficácia dos direitos fundamentais.** 6. ed., Porto Alegre: Livraria do Advogado, 2006.

SILVA, Denise Ferreira da. Dívida Impagável: Lendo Cenas de Valor Contra a Flecha do Tempo. In: SILVA, Denise Ferreira da. **A Dívida Impagável.** São Paulo: Oficina de Imaginação Política e Living Commons, 2019.

SOUZA, Neusa Santos. **Tornar-se negro:** ou as vicissitudes da identidade do negro brasileiro em ascensão social. Rio de Janeiro: Edições Graal, 1983.

TGEU. Transgender Europe: Trans Murder Monitoring 2015. TGEU. Disponível em: https://tgeu.org/tmm-idahot-update-2015/. Acesso em: 31 maio 2021.

ZAFFARONI, Eugenio Raúl; PIERANGELI, José Henrique. **Manual de direito penal brasileiro:** parte geral. 10. ed. São Paulo: Revista dos Tribunais, 2013.

Referências Artísticas

Edi Rock. **Vida Negras Importam.** Disponível em: https://www.letras.mus.br/edi-rock/vidas-negras/ . Acesso em 25 maio 2021.

Martinho da Vila. **Brasil Mulato.** Disponível em: https://www.letras.mus.br/martinho-da-vila/285159/ . Acesso em 25 maio 2021.